Historias de una Desilusión

Cuba, una isla que se hunde

Índice

TITULO

HISTORIAS DE UNA DESILUSIÓN

Cuba, una isla que se hunde

AUTOR.

ERNESTO WONG PLACERES

Dedicatoria.

A mi padre Máximo Wong. Mi viejo te fuiste sin un homenaje a tu vida y sacrificio por La Revolución. Te lo debía Cuba por tu entrega.

A mi madre Mercedes Placeres que ha sido ejemplo de tesón y por ser una guerrera invencible.

A mi tío Luis que soportó una migración no deseada.

A mi esposa Lissette Puente. Compañía inseparable en mi vida

A mi hija Arianne Wong. Inspiración constante para mí.

A todos mis familiares cualquiera que sea su posición política.

A todos los cubanos que un día tuvieron que dejar su país por disímiles motivos.

A los compatriotas que todavía hoy claman desde adentro por un sistema que no funciona y que se mantiene a costa del dolor de un pueblo.

A los desilusionados, a los que ya no creen en una mejoría en Cuba sin un cambio de sistema.

A mi Cuba querida, la sufro todos los días

Agradecimientos.

- A mis entrevistados que exponen sus verdades sin tapujos, de frente, sin miedos.

- A mi amigo Aldo Luberta Martinez. Periodista y escritor cubano. Radicado en Paraguay. Autor de novelas y espacios de radio y TV. Sus consejos y revisiones fueron claves.

- A Carlos Cabrera Pérez. Periodista de mucha experiencia, por su influencia literaria. Sus trabajos enriquecieron este libro de manera extraordinaria

Prólogo.

Hablar de Cuba (mi país) en estos últimos 60 años es bien difícil. Se mezclan las emociones, los sentimientos, los pensamientos y los criterios encontrados. Son fases de un mismo proceso. A veces fuimos revolucionarios, otras más conservadores, y en otras etapas hasta contrarios

Creo que a todos los cubanos les ha pasado eso en su vida. La vida del cubano común es tan contradictoria como pintoresca. Ilusa y risible. Grotesca y valiente.

Nadie puede explicar el fenómeno psicológico que se experimenta al acudir a la **Plaza de la Revolución** a un acto y reafirmar su posición al lado del sistema y del gobierno y llegar a su casa y sufrir un corte de electricidad (apagón) y comenzar a vociferar y maldecir contra el régimen que horas antes había apoyado.

Desde hace mucho tiempo los ciudadanos de a pie siempre tienen un motivo para la decepción, para la frustración y el desencanto. La esperanza de mejoría va desvaneciéndose.

La salida más buscada es la migración, la cual designa el desplazamiento de un grupo o población de seres humanos o animales, de un lugar a otro. La palabra proviene del latín migratĭo, migratiōnis, que significa 'acción y efecto de migrar'...

La Migración tiene varios motivos o causas: políticas, económicas, sociales, huir de una guerra o catástrofe, pero tiene como aspecto común que la persona que se desplaza de su lugar de nacimiento u origen va buscando mejorías considerables para su vida, salir de la pobreza o simplemente buscar nuevas opciones de desarrollo personal

Los ejemplos de migraciones y éxodos masivos abundan en esta etapa de mi Cuba. Desde Camarioca (1965), Mariel (1980) hasta el Maleconazo en 1994, son todos casos bien palpables.

El cubano siempre emigró históricamente hacia los Estados Unidos buscando mejores empleos, mejores condiciones salariales, giras artísticas, participación en circuitos deportivos y un sinfín de causas más. La migración no era definitiva.

Nunca este flujo tuvo un tan marcado carácter político como a partir de 1959 donde comenzaron a emigrar definitivamente hacia la ciudad de Miami compatriotas que iban huyendo de las medidas y cambios que comenzaron en la Isla, incluyendo expropiación de tierras, negocios, nacionalización de empresas y de toda la economía del país.

La emigración a partir de 1959 ha tenido polos bien definidos y ha abierto brechas, discordias, peleas y grandes contradicciones en las familias cubanas. Hermanos y parientes separados para siempre por ideologías enemigas. Tíos y sobrinos convertidos en contrarios políticos, en fin, una guerra que todavía dura hasta hoy.

Los cubanos que están fuera tenemos una visión del problema y los de adentro tienen una realidad muy difícil de digerir.

Lo cierto es que miles y hasta millones de cubanos se han ido bajando del barco de la Revolución en estos 60 años. Salir de Cuba es la opción más utilizada. Quedarse a luchar y cambiar esa realidad ha sido el camino difícil y peligroso que han escogido unos pocos.

Otros (CASI TODOS) los que no concuerdan con la política oficial estamos fuera del país.

Muchos de los mejores hijos de Cuba están en Miami o regados por el mundo. Otros muchos siguen en La Habana. La patria sufre por la desunión de sus hijos, toda madre es feliz cuando su hogar prospera y sus hijos juntos construyen el futuro.

Los nacidos en la Mayor de la Antillas emigran hoy por culpa de la dirección del país. Es el estado quien nos ha privado de libertades y esperanzas.

Mi propia desilusión

Nací en una familia muy grande donde era evidente que tenían que existir diversos, distintos y divergentes puntos de vista en cuanto a política, economía y en otros aspectos de la vida social y cotidiana.

Para mí siempre fue un orgullo pertenecer a esta parentela. Mis abuelos maternos a pesar de ser muy pobres y tener que hacer muchos sacrificios para lograr criar a su prole siempre se las arreglaron para enseñar a sus hijos decentemente y en las buenas costumbres. A pesar de las diferencias en los pensamientos políticos de sus miembros la unidad familiar siempre se mantuvo o al menos se intentó. Durante mis primeros años de vida llegaba a mí una fuerte influencia comunista de mis padres, los cuales eran partidarios incondicionales de la Revolución Socialista que gobierna a Cuba desde hace más de 62 años, pero también tenía primos y tíos que no coincidían con esa postura. Durante el transcurso de esta aventura literaria podremos relatar algunas anécdotas familiares que lo demuestran.

Toda mi niñez trascurre como la de todos los niños cubanos nacidos posterior al año 1959. Nada en especial que resaltar, solamente quiero comentarles que era muy activo, inquieto, juguetón, muy conversador en clases por lo que se puede decir que era un poquito indisciplinado. Estas ¨cualidades¨ no demeritaban mi rendimiento escolar, que era excelente según me avalaban las notas en cada una de las asignaturas y materias. Toda la niñez y juventud mantuve los ideales que mis padres me enseñaron. Tanto mi difunto padre como mi amada madre nos inculcaban a mi hermana y a este escritor principiante que la Revolución era todo para los cubanos.

Ingresé en el nivel preuniversitario en una escuela militar conocida en Cuba como los Camilitos de Capdevila (municipio Boyeros) cuyo nombre oficial es Escuela Militar Camilo Cienfuegos donde por 1ra vez enfundé el uniforme castrista. Mi paso por aquel colegio militar contribuyó a mi preparación para la vida, Las limitaciones y privaciones de la vida militar fortalecen al individuo, te hace independiente, fuerte y moldea el carácter.

Lo cierto es que me marcó grandemente tanto por los amigos que allí gané (para toda la vida, aunque no los vea a diario) como por los hechos posteriores de mi vida que también son importantes que se conozcan. Al terminar el 12mo grado, me otorgan la militancia de la Unión de Jóvenes Comunistas (UJC, por sus siglas), casi todos mis compañeros de clases tenían esa condición desde hacía mucho tiempo, pero mis características personales y mi mala disciplina no aconsejaban que se me diera tal categoría hasta ese último momento. Cuando se culmina el nivel preuniversitario el siguiente paso es llegar a la Universidad y en mi caso lo hice matriculando en la Escuela Militar Superior Comandante Arides Estévez Sánchez, centro docente que forma los futuros oficiales de la Fuerzas Armadas Revolucionarias (FAR) en los perfiles jurídicos y de Contrainteligencia Militar. Este centro realiza severos y largos procesos de selección de sus integrantes, los oficiales de esos especialidades deben ser los más confiables en la oficialidad militar.

La noticia de haber ganado la posibilidad de estudiar en ese centro de altos estudios militares llenó a mis padres de mucho orgullo, en aquella época (1987) la ideología comunista era mayoritaria en mi Cuba querida y tener un hijo estudiando tal carrera era una honra para mis progenitores. Por aquel centro transcurrieron los próximos 5 años de mi joven existencia y me gradué en el año 1992 con el grado de Teniente.

Era un oficial de la FAR especializado en CIM y licenciado en Derecho, lo cual me hacía tener una visión mucho más amplia de la vida, del Estado y de la Legislación vigente como se podrá fácilmente entender.

Para el año 1996 ya ostentaba el grado de Capitan, mi carrera iba en un ascenso importante, mi Graduación (1992) venía a suplir un déficit existente de oficiales causado en 1er lugar por los hechos de las Causas 1 y 2 de 1989 donde muchos miembros del MININT incluyendo Generales y hasta el entonces Ministro del Interior fueron encausados y condenados en sendos juicios por varios delitos entre los que se encontraban el NARCOTRÁFICO y de las FAR completaban las filas del Ministerio del Interior en un intento por estabilizar al Ministerio encargado de la Seguridad del país y el orden interior. Otra causa importante, que influía también era las precarias condiciones existentes en el país que conoció aquellos duros años como el Periodo Especial en Tiempo de Paz, pero los ascensos y méritos no se regalan, había que ganarlos con trabajo y sacrificio.

En todo ese contexto se estaba desarrollando mis primeros años en la actividad marcial. Mantuve durante todo esta etapa (6 abriles) una intachable conducta moral. Nunca defraudé el uniforme que llevaba, tenía el argumento que el día que consideraba que no debía continuar en aquella institución armada me retiraría cumpliendo el mismo requisito para mi ingreso. Me acogería al principio de Voluntariedad. Nada ni nadie me podía obligar a permanecer y vestir la franela castrense contrariando a mi voluntad. Y así fue. Durante el año 1998 se precipitaron acontecimientos personales que me hicieron revisar mi posición y el oficio que desempeñaba de manera profesional durante 6 años.

A partir de esos momentos ya me estaba planteando salir de la institución bélica influido por eventos que me marcaron, que intentaré brevemente explicarle a mis queridos lectores, y que fueron fuente de mi posterior desilusión por aquel proceso y sistema político.

El joven oficial, criado en un hogar de militantes y revolucionarios, con una carrera y promoción meteórica se estaba desilusionando de todo lo vivido.

Debido al grado militar y el contenido propio de mi trabajo tenía responsabilidades ineludibles dentro de las FAR. Mi trabajo siempre era mi primer desvelo y prioridad suprema. En ese lapso de labor pude ser testigo de decisiones sobre la vida u obra de otras personas que no me convencían y que me fomentaban inconformidad interna.

Tener que reprimir o investigar a una persona miembro de las FAR por mantener relaciones con parientes y familiares que vivían en Estados Unidos no era una tarea de mi agrado, no le encontraba fundamento y con el paso del tiempo me cuestionaba la justeza de aquellas acciones, que si bien eran parte de mi contenido no las veía racionales, lógicas, prudentes y sensatas.

La familia está por encima de todo y no se justifica recriminar a nadie por escribirse, relacionarse vía correo postal o electrónico, por llamadas telefónicas u otra cualquier vía de comunicación con padres, hermanos, tíos u otros familiares residentes en el exterior, especialmente en USA. Tenía ejemplos en mi propia familia que sostenían mis conceptos y que serán contados en este libro.

Paradójicamente en las FAR cuando esas relaciones eran llevadas a cabo por algún oficial de rango que gozaba de la confianza de otros jefes no se actuaba o simplemente se pasaba por alto las informaciones recibidas. Esa ambigüedad para tratar diferentes personas con las mismas actitudes me hicieron ver más allá y darme cuenta de que había un componente más grande en todo aquello. Había una enorme hipocresía y muchas veces, o casi todas, prevalecía más las influencias o poder del militar investigado que sus propias acciones.

Recuerdo nítidamente el hecho que se convirtió en la gota que colma el vaso. Me encontraba destacado en un centro de recreación para personal militar donde tenía la tarea de garantizar la ¨ pureza ¨ política ideológica del personal que laboraba allí.

Surgen informaciones de un Productor Musical que se relacionaba con familiares en el extranjero y era mi deber saber las verdaderas causas y carácter de aquellos vínculos. A pesar de que no estaba convencido y no era de mi gusto estar husmeando en la vida personal de nadie estaba obligado a hacerlo por mis funciones. Resulta que aquel joven era familiar de un alto fiscal militar y me ordenaron suspender toda indagación al respecto lo cual me demostraba que lo más importante no era que hacía la gente sino quien lo hacía. Resumiendo: Si lo hacía un militar simple le caía el peso de la legislación, si lo hacía un alto oficial con influencias en el mando o un familiar de algunos de ellos todo quedaba en NADA.

Este episodio, unido a las limitaciones propias del Periodo Especial, las carencias que se estaban viviendo, estar en contacto directo con el pueblo en la calle y escuchar manifestaciones de descontento y no tener argumentos para contrarrestar, ser testigo del éxodo masivo de 1994 donde por intereses políticos no se ponía freno a la estampida y a la marcha de cientos de cubanos ante las narices de todos fueron las razones que me impulsaron a solicitar voluntariamente mi baja del Servicio Activo en las FAR.

Mi desilusión aumentó cada día a partir de aquel instante. Les cuento que al enterarse mi jefe inmediato de mi decisión hizo una presión grande para que desistiera de mi idea de abandonar mi etapa como oficial de las FAR. Usó argumentos tan ridículos que daban risa, intentó usar un banal chantaje dejando entrever que si persistía en mi idea él se encargaría de bloquearme futuras fuentes de empleo si yo intentaba laborar en el Sistema Empresarial de las FAR.

Mi respuesta a esa intrascendente amenaza fue tajante.

- Si hasta este minuto pude haber tenido alguna duda lógica de irme del cuerpo armado (FAR) Ud, con su argumentación, acaba de convencerme de que este no es mi lugar. He servido de manera voluntaria y de la misma forma me retiro. Proceda a tramitar mi solicitud que ahora si quiero irme y más pronto que tarde.

La cara de aquel militar se transformó, no esperaba semejante contestación. Nunca más lo vi, evité encuentros con él, no asistía a las reuniones convocadas, yo estaba de salida y no quería problemas de última hora.

Posteriormente tuve otro encuentro con un jefe más alto donde debía exponer las razones de mi parecer. El Coronel no fue tan grosero y entendió mi explicación, recalcándome enfáticamente que él consideraba que mi paso por la estructura militar había sido exitoso, que me consideraba un joven con valores y que si un día tenía que molestarlo para alguna cuestión no dudara en contactarlo. Aquellas palabras me fortalecieron mucho. Dos meses después estaba firmando mi baja, cerrando ese ciclo y comenzando a escribir mi nueva historia.

Encontré trabajo como Jefe de Almacén en el Capitolio de la Habana, en una empresa de servicios que organizaba Eventos en ese céntrico lugar de la capital habanera. Mi almacén debía abastecer a los salones de eventos, una cafetería y un restaurante ubicados en la sede del Ministerio de Ciencia, Tecnología y Medio Ambiente, hoy sede del Parlamento Cubano.

En aquel puesto comencé a conocer la realidad que vivía el pueblo, el verdadero dilema para subsistir en aquella sociedad que estaba llena de dificultades. El transporte, la alimentación, el estado de las calles y avenidas, la prostitución, jineterismo, consumo y venta de drogas a los extranjeros, corrupción de funcionarios públicos destinados a las inspecciones de salud e higiene en los organismos estatales fueron algunos males que conocí de primera mano.

La visión que tenía, desde niño, adolescente e incluso siendo oficial de las FAR, de mi país iba cambiando velozmente ante mis ojos. Recuerdo que cada noche al llegar a casa y comentarle a mi esposa cada una de las vivencias cotidianas ella siempre repetía la frase. **Bienvenido al mundo real**. Se refería a que el mundo vivido por mi hasta ese momento era aquel dentro de las filas militares, lo cual es una especie de urna de cristal donde no se vive la verdad del cubano de a pie.

Pero les cuento que posteriormente si pude empezar a laborar en el sistema de empresas de las FAR a pesar de la estúpida advertencia de aquel jefe. Un amigo conocía que trabaja en el Capitolio en tareas de almacén y me propuso trabajar en Tiendas Gaviota como Jefe de un almacén en Torrens, en aquel momento era el centro Lourdes donde los soviéticos tenían una base militar que fue conocida internacionalmente.

Y ese fue el empezar de mi nueva carrera. A partir de Tiendas Gaviota me trasladé a los hoteles de ese conglomerado de empresas turísticas y con ahínco, superación, estudios de diplomados y también mucha disciplina y consagración al trabajo terminé dirigiendo Hoteles y Sociedades Mercantiles tanto en Cuba como en el extranjero.

En uno de esos hoteles donde me desempeñé como Directivo pude ser testigo de hechos que de no haberlos vividos me costaría trabajo creerlos. Corrían los inicios de los años 2000 (2001-2002) y siendo Subdirector del Hotel Kohly en el barrio del mismo nombre en el municipio Playa de la capital habanera pude conocer personalmente al entonces Viceministro Primero de las FAR, el General Julio Casas Regueiro (1936-2011). El Viceministro, como otros tantos jefes y personas de la alta nomenclatura del país, vivía en una mansión en los alrededores del hotel por lo que visitar la instalación era algo bastante frecuente para el anciano militar. Durante sus visitas dominicales era bastante frecuente verlo beber hasta la embriaguez. Sus "curdas" eran muy grandes, al punto de que había que ayudarlo a bajar las escaleras y montarlo en su auto. Una veces ayudado por su chofer, otras veces por el propio personal del hotel. Varias veces tuve que ayudar al Director del Hotel en esa incomoda y fastidiosa tarea. La imagen que me formaba de aquel General no podía ser buena como podrán entender mis buenos lectores. Era comidilla entre todos los trabajadores de aquella institución la actitud desordenada del entonces 2do hombre al mando de las Fuerzas Armadas Cubanas.

Justo frente al Viceministro Primero tenía su morada el General de Brigada Luis Alberto Rodriguez López Calleja (1960 – 2022) casado con una hija del General de Ejército Raúl Castro. La casa que ocupa hoy la familia de Luis A fue una casa de protocolo del Hotel. Aprovechando su familiaridad con el 2do secretario del PC y Ministro de las FAR en aquel entonces se despojó al Hotel de esa vivienda y fue otorgada a quien fuera en vida Presidente de GAESA. Otra razón que alimentaba el cotilleo entre los trabajadores a mi cargo.

Durante los años 2004 al 2006 trabajé y viví en la ciudad de Luanda, Republica Angola donde tuve la oportunidad de dirigir una Compañía cubana inscripta legalmente como una empresa de capital angoleño destinada a brindar servicios turísticos.

Me detengo en esta etapa vivida en el África Subsahariana pues fue muy importante en la maduración de mi pensamiento actual.

Angola en aquellos años presentaba muchos problemas sociales devenidos de siglos de explotación colonial y que durante la etapa socialista no se pudieron resolver; la salud, educación, miseria en las calles, la guerra trajo consigo superpoblación en la capital a pesar de que el 70 % de su población vive en zonas rurales, eran solo algunos de los inconvenientes de aquel país.

Luanda era una ciudad de dos escenarios, podías encontrar grandes edificios, enormes hoteles y a unos metros tenías a la vista a una Favela o kimbo como le denominan sus pobladores. Este escenario es impactante para un cubano que no está acostumbrado a ver a niños pidiendo limosnas en las calle (rúa, en portugués), donde la salud es gratuita y los niños van a sus escuelas sin preocuparse de los problemas de la casa o del país.

Sin embargo, la economía de aquel africano estado estaba dando pasos agigantados en una apertura a la inversión extranjera como solución a sus problemas. Llegaban a diario empresas españolas, francesas, portuguesas, americanas y de otros muchos países. El petróleo y los diamantes son fuente también de ingresos que ellos explotan para su desarrollo social. Nuestra empresa en aquel entorno debía competir en condiciones de igualdad con todas las compañías hoteleras, de restauración y Agencias de Viajes presentes en el mercado. La enseñanza que tuve del capitalismo real, crudo e implacable fue una lección para toda la vida. Allí pude vivir muchas situaciones que fueron desarrollando mi carácter y mis ideas. Después de los primeros tiempos de adaptación al sistema económico y político, al país, idioma, etc. ya podía ver con mucha mayor claridad el rumbo que querían los angoleños y su gobierno. Y ese destino que ellos estaban labrando no era otro que el capitalismo. Reinaban las leyes económicas del sistema basado en la propiedad privada sobre los medios de producción y en la importancia del capital para originar riquezas y bienestar.

La preocupación mayor de todos los nacionales era encontrar trabajo y poder laborar por un salario que les permitiera ir solventando sus necesidades más primarias. No había subvenciones ni otro tipo de derechos propios del sistema socialista. Aquel ambiente si bien no era familiar para mí era un ejemplo demostrativo del camino que todos o la inmensa mayoría de los países escogen para sí. Solo el capital va a engendrar riquezas, es incorrecto pensar que la falsa igualdad que promueve el comunismo lleva a niveles de desarrollo. Cuba es la prueba palpable de esta afirmación, pero sigamos por África.

Dado mi posición tenía obligadas relaciones con empresarios tanto angoleños como de otros países. Proveedores de distintos productos y servicios tenían que firmar contratos y convenios con mi empresa y de la cual era el representante legal para suscribir y refrendar los mismos. No faltaron jugosas ofertas de trabajo para que prestara mis servicios como Director o ejecutivo en esas firmas comerciales. Nunca acepté esas propuestas principalmente para cumplir una promesa hecha a mi madre instantes antes de abordar el vuelo de Air France que me llevaba para Luanda, ella me pidió muy seriamente

Hijo. Con el mismo orgullo y honra con la que sales, quiero que regreses.

Y se lo cumplí. La honra y el orgullo influían mucho y lo reconozco, pero también tenía un peso enorme el hecho de haber dejado en la Isla a Arianne, mi pequeña y única hija, con solo 3 años y la nostalgia y el deseo de verla me mataba a diario en aquellas lejanas tierras. Pero no fue una decisión fácil fundamentalmente por las condiciones de trabajo que esas compañías ofrecen a sus candidatos.

Un salario 10 veces superior al que yo tenía, coche y alojamiento pagado y otras cláusulas contractuales muy atractivas.

Si bien no acepté quedarme allí a vivir y trabajar permanentemente si me pregunté: ¿Por qué como Director General de tres hoteles, restaurantes y Agencia de Viajes mis condiciones de trabajo y salario se pueden considerar miserables?

¿Por qué no soy tratado en iguales condiciones del resto de empresarios que están compitiendo? ¿Si las metas que se me piden están basadas en este mundo capitalista que justifica que mis prestaciones sean basadas en conceptos socialistas?

Esas y otras muchas interrogantes no tenían respuesta y resistí estoicamente los dos años que había firmado de contrato y me regresé a mi Cuba linda y querida. No todos los cooperantes cubanos allí regresaban tan pronto, la mayoría solicitaba prorroga al contrato con la intención de continuar ganando su salario en dólares, si bien era una miseria era una vía legal de obtención de divisas que en nuestra tierra no podían tener. Otros desertaban tanto en Angola como en Francia cuando se hacía escala para continuar viaje a Cuba

Para mí la experiencia en aquellos lares africanos solo aumentaban mi desilusión por el sistema que rige mi nación. En África (2004) hace 18 años existían condiciones de trabajo, acceso a tecnología, comercios, instituciones bancarias con facilidades a los ciudadanos y otro sinfín de razones para afirmar que era un país donde se podía vivir mejor que en el nuestro.

Prosigo con mis anécdotas que no quiero hacer muy extensas y les confieso que resulta muy difícil hablar de sí mismo.

Otra de las situaciones que presencié en Luanda y que me marcaron mucho fueron los indicios de corrupción que daba constantemente el Vicepresidente a cargo de la Corporación. Este Sr ex oficial de la Inteligencia militar cubana, que tenía mucha experiencia en el mercado africano por llevar muchos años vinculado a esos países desde las sedes diplomáticas donde estuvo destacado tenía excelentes vínculos con ex - militares angolanos los cuales había conocido durante la guerra de Liberación Nacional lidereada por Agostino Neto y triunfante en aquel Noviembre de 1975 y los años posteriores de presencia cubana.

Esos exgenerales eran en aquellos tiempos de 2004 – 2006 gobernadores, diputados, senadores, ministros y otros cargos públicos en la Administración y Gobierno Angolano. Sus relaciones con ellos rebasaban los límites permitidos, con su actuar favorecía a los mismos en detrimento incluso de su Holding de empresas. Para fortalecer su simpatía llegaba a permitirles excederse en los términos de pago de deudas o cuentas por pagar a nuestras entidades. Ante cualquier reclamación nuestra o solicitud de ayuda para que ejerciera sus influencia para resolver algún litigio siempre daba excusas o cambiaba el hilo conductor de la conversación. Dichas conductas eran sabidas por los niveles superiores y órgano de Control, pero no se tomaban acciones para erradicarlas.

A mi regreso a la Patria continué laborando hasta el año 2017 en el sector turístico tanto en hoteles, centros de gastronomía y villas turísticas, en compañías nacionales tales como Gaviota y Cubanacán

Pero la situación en Cuba no mejoraba según mis puntos de vista, tenía contradicciones constantes que no tenían solución a pesar de que mi trabajo y modo de vida no eran malos y estaba por encima del ciudadano medio. Muchas circunstancias alimentaron mi fastidio y llegó el momento que pensé que era mejor buscar nuevos horizontes donde trabajar y ganarme el pan teniendo una vida tranquila y de perspectivas de desarrollo individual y familiar. Hace 5 años que trabajo y resido en México.

Ya les he explicado algunos de los motivos de mi desilusión. Pero no soy el único. Millones de cubanos han salido de nuestro pequeño terruño para cumplir sus sueños. Este libro, que es mi primera intención literaria, tiene como objetivo más marcado llevar al lector las historias de personas (familiares y amigos) que por distintas razones tuvieron que salir de Cuba, sus motivos, fundamentos y razones. Las reacciones que tuvieron que enfrentar por sus decisiones y la desilusión como característica común en todos ellos

Las historias y textos siguientes intentaran exponer y clarificar una realidad cubana actual a través de relatos, expresiones de los entrevistados, experiencias acumuladas en el vivir en una Cuba sin una salida a la vista. Están apegadas a la verdad tal y como la recuerda su autor y como las expresan los protagonistas

La tía Caridad

- ¿Abuela, quienes son esos niños que tienes en fotografías en tu escaparate?
- **Son tus primos que viven en el norte, hijos de tu tía Caridad.**

Así le preguntaba a mi abuelita Carmelina por unas fotos que con mucho recelo guardaba. Sus nietos nacidos en los EUA y que no conocía eran fruto del matrimonio de su hija con un puertorriqueño de nombre Rogelio López.

Se habían casado en 1959 y decidieron salir a vivir a los EUA, algo muy normal en aquella época. Tuvieron tres hijos Betty, Ileana y Rogelio. Mi tía era el 1er miembro de la familia que emigraba. Sus hijos, que son mis primos, son de nacionalidad estadounidense (americanos según el argot popular)

Las fotos en cuestión eran de esos tres primos con sus atuendos de graduados en alguna Higth School. Con un sombrero muy peculiar que le llaman birrete y que por alguna razón desconocida para mí ya no se utiliza en ninguna graduación académica en Cuba.

Mis abuelos añoraban ver nuevamente a su hija y conocer a esos nietos. Ambos murieron sin poder cumplir ese sueño. La tía, su esposo y los primos nunca más regresaron a Cuba. Ni al entierro de sus padres. Lamentable, ¿verdad?

Lo cierto es que la tía Caridad al llegar a los EUA y comenzar a ver a partir de 1959 la radicalización de las medidas de Cuba comprendió muy tempranamente que aquella sociedad apuntaba hacia un rumbo comunista.

Se empezaron a nacionalizar todas las empresas y esto afectaba grandemente al capital norteamericano en el país, se promulga la ley de reforma agraria, se prohíbe todo tipo de manifestación de propiedad privada, incluyendo los pequeños negocios en manos de pequeños emprendedores. El populismo de aquella revolución engendraba mucha simpatía entre la mayoría pobre del pueblo y a la minoría no les quedó más remedio que emigrar o callar desde dentro.

La tía enviaba cartas para actualizar a sus padres y hermanos de su situación personal, de los estudios de sus hijos o de alguna nueva e importante noticia. Incluso envió fotos de su hijo varón con uniforme militar de los EUA, en su paso por el ejército. No recibía respuestas muy frecuentemente, lo cual fue distanciando mucho a la familia. Las cartas eran esporádicas de ambas partes. Se empezaba a notar frialdad en esas relaciones. El desapego entre familias era muy frecuente debido a sus posiciones políticas.

Cierta vez en una carta mi abuela le preguntaba el por qué no hacía un viaje a Cuba, considerando que ya estaban realizándose vuelos Miami – Habana y llevaban muchos años sin verse.

La respuesta llegó a través de una persona que amamantó a tía en sus primeros días de nacida pues mi abuela estuvo muy enferma cuando la trajo a este mundo. La Sra Eusebia, que así se llamaba, fue la portavoz de tan polémico mensaje

Sus palabras dejaron a todos sin aliento.

¨No voy a Cuba mientras el HP de Fidel Castro esté en el poder, mi dinero no se lo doy a los comunistas¨.

Hoy, 62 años después, nadie en la familia ha retomado este tema con Caridad Placeres, nombre de soltera, a pesar de que han existido encuentros de ella con algunos de sus hermanos que han visitado los Estados Unidos e incluso su hermano Armando vivió allá muchos años antes de fallecer. Se ha quedado esa incógnita por aclarar, pero ha sido una decisión unánime: Intentar no hablar de política cuando de encuentros familiares se trata.

En el seno de la familia había criterios divididos y encontrados, unos a favor y otros en contra de la Revolución y de Fidel Castro. Creo que en todas las familias cubanas pasa esta situación. Mi abuela no podía creer tal comentario. Se molestó mucho y hasta se distanció mucho más de su única hija en ese momento en la emigración. El abuelo era mucho más callado y menos político.

En réplica mi abuela le envió fotos de otro primo que estudió en la extinta URSS una ingeniería militar y le soltó una ráfaga revolucionaria argumentándole que ella tenía otro nieto militar y en el ejército de Cuba. Paradójicamente ese primo vive hoy en Miami junto a su esposa e hijos.

Se pueden imaginar que volcán en erupción era mi familia en aquellos años. Las tertulias domingueras eran netamente de política. Bandos opuestos. Los defensores del comunismo y los defensores del consumismo. Hijos de la misma madre y del mismo padre, criados de igual manera, pasaron la misma hambre en el Machadato y Batistato, trabajaron igualmente como peones de la construcción y aprendiz de bodegueros y sin embargo no tenían las mismas ideas políticas. Así debe ser la verdadera diversidad.

Recuerdo a la abuela imponerse pidiéndoles que no discutieran más de política y que aquellas acaloradas discusiones no podía influir en sus relaciones de hermanos. La política seguía dividiéndonos.

La tía Caridad y mi madre Mercedes actualmente conversan telefónicamente a menudo. Una vive en Nueva York, la otra vive en México. Se preocupan mutuamente por la salud de toda la familia de ambos lados. Sus relaciones de hermanas continúan intactas pues no se habla de política ni de otro tema que pueda ser sensible.

Mariel 1980.

En el mes de abril de 1980 un grupo de personas penetran por la fuerza en la Embajada del Perú en La Habana, solicitando asilo político. En aquellos momentos Cuba y Perú mantenían relaciones muy tensas. Un joven cubano de nombre Pedro Ortíz Cabrera pierde la vida debido a esos acontecimientos e intentando cumplir sus deberes y funciones como custodio de dicha sede diplomática, este lamentable hecho complicó mucho más el ambiente político, el cual ya estaba bien enrarecido.

La reacción oficial del gobierno cubano con Fidel Castro a la cabeza fue de enfrentamiento y hostilidad en primer orden con el gobierno de la Republica del Perú, el cual otorgó el asilo solicitado por los ocupantes. Cuba retiró la custodia de la sede diplomática y esta quedó a merced de todo aquel que quisiera penetrar. Resultado. 10800 personas penetraron en 4 días.

Esta acción del gobierno de Perú unido a la tensa e inquietante situación interna y la respuesta del gobierno de Cuba desembocaron a una crisis migratoria. El gobierno cubano abrió las puertas del país a través del puerto del Mariel. Embarcaciones procedentes de la Florida en Estados Unidos comenzaron a arribar a dicho puerto en búsqueda de sus familiares y de cubanos que decidieron emigrar voluntariamente. Este hecho constituía un antecedente muy peligroso en la política e incluso del Derecho Internacional.

Durante un poco más de 5 meses más de 1600 embarcaciones arribaron al puerto de Mariel y 125000 cubanos abandonaron Cuba para arribar a La Florida. Estados Unidos recibió en 5 meses a 125 mil cubanos que se les denominó Los Marielitos. Cuba los llamaba Escoria y Gusanos. Ese año 1980 fue de enfrentamiento político abierto entre los cubanos. Las familias se dividían entre Escorias y Revolucionarios. Los marielitos trajeron disimiles problemas a la Administración Carter y se dice que fueron causa de su derrota electoral. Muchos de los recién llegados tuvieron actitudes delincuenciales, pero otros muchos llegaron a trabajar muy duro para sumarse a una sociedad que les dio condición de refugiados y todos los derechos asociados. Hoy se considera que esos cubanos que llegaron a trabajar y a fundar contribuyeron de manera activa al desarrollo de la ciudad de Miami.

Un tío balsero y un padre revolucionario.

Corría el ya mencionado 1980. El autor solo contaba con 10 años cumplidos en aquel abril convulso. Su padre de nombre Máximo estaba integrado a una Revolución que le dio la oportunidad de estudios y de integración social.

Máximo era el 2do hijo de un emigrante chino con una hermosa rubia descendiente de franceses. De aquel matrimonio resultaron tres hijos donde Máximo y Luis eran los varones y una hermana hembra de nombre Leonor. Sus apellidos Wong Bobis

Máximo y Luis eran dos hermanos muy bien llevados, en su juventud acudían juntos a fiestas y eventos. Bares y cantinas. Juegos de azar. Casinos, etc. En fin, dos jóvenes del Canal del Cerro, nada aristocráticos ni de posición acomodada. Mas bien marginales, guapos y hasta chulos según sus propias palabras, que siempre se entendieron muy bien.

A partir de 1961 Máximo entra a las filas del Ejército y matricula el 2do curso de Corresponsales de Guerra en las nacientes Fuerzas Armadas. El fervor político de los primeros años lo impulsaban a un cambio en su vida. La posibilidad de formarse en una carrera y tener estudios ayudaron en su transformación. Orgulloso fundador de los estudios fílmicos del MINFAR

Su integración revolucionaria y sus conocimientos en materias fílmicas (Corresponsal de guerra) hicieron que tuviera una destacada participación en todas las ¨tareas¨

Tuvo ascensos militares (hasta llegar al grado de Mayor de las FAR), condecoraciones, misiones dentro y fuera del país, militancia política en el único partido legal. En fin, un hombre integrado.

Luis no tuvo las mismas ideas y quedó en el solar del abuelo emigrante. Cambiando de trabajos, de mujeres y llevando una vida mucho más desorganizada. Pero era el tío más cariñoso del mundo.

A pesar de las vidas diferente que llevaban, continuaban siendo unos hermanos muy unidos, que se profesaban amor y se visitaban cada fin de semana posible para ver mutuamente a sus sobrinos.

Juntos celebraban los cumpleaños de los hijos, reuniones familiares con dulces y golosinas hechos por la tía Leonor. Una familia normal y común de aquella época.

Luis cometió algunos errores personales que lo llevaron a cumplir sanción penal por delitos de hurto. A pesar de eso nadie en la familia le viró la espalda y sus hermanos Máximo y Leonor siguieron considerándolo de igual manera, con el mismo cariño.

Pero llegó aquel fatídico Abril de 1980. Luis dormía aquella noche en su casa (recuerden que era un solar del Canal del Cerro) y alguien tocaba en su puerta.

El teniente Anaya, jefe del sector de la Policía Nacional Revolucionaria (PNR) lo procuraba de manera urgente. Personaje tristemente célebre de aquel barrio habanero en aquella época.

La orden (noticia) era sencilla pero cruel, ilegal y absurda. O se anotaba en los que deseaban abandonar el país por el recién abierto Puerto del Mariel o sería encausado en un expediente de peligrosidad por los antecedentes penales que tenía.

Debía tomar una decisión: O se marchaba del país o volver a prisión.

Su nivel cultural, su personalidad y la vida humilde y de barrio que había llevado siempre no le favorecieron en la toma de su decisión y cedió al chantaje más sucio que se conozca. Su hermana Leonor supo de lo que pasaba y trató de impedirlo. No pudo convencerlo de que no se fuera del país en esas circunstancias (él tenía mucho miedo de regresar a la cárcel). Su hermano Máximo no pudo hacer nada al respecto, las **indicaciones oficiales** eran claras. No podía tener vínculos con ninguna persona que estuviera en proceso de salida por el Mariel. Devino el caos, la separación, el total divorcio entre los tres hermanos.

Luis se fue de Cuba como una ¨escoria¨, por el Mariel. Leonor se separó definitivamente de su hermano Máximo a quien culpaba de no hacer nada por Luis. De anteponer la política a su familia.

Teníamos un tío balsero. Llegó a los EUA y comenzó un mar de penurias pues no tenía a ningún familiar a quien acudir. Salió de Cuba con su compañera en ese entonces. La relación se rompió casi al llegar allá y quedó literalmente en la calle. Todo aquello ¨ gracias¨ al Tte Anaya y la política revolucionaria.

Durmió en portales, en estaciones de bus y metro. Contaba en aquellos días con una ropa blanca que casi era negra por no poder lavarla ni poderla cambiar, según sus propias palabras. Así las cosas, la mariguana, el alcohol y el juego volvieron a su vida. Otros muchos pesares sufrió en silencio, sin poder comunicarse con sus familiares más cercanos en Cuba.

Una mañana amaneció en Miami Beach en una cabaña donde él y un amigo pasaban unos días. Su amigo lo despertó anunciándole que en la playa había dos mujeres solas. El olor a "hierba" inundaba el cuarto.

De aquel ¨ligue¨ salió una relación que le cambiaría la vida. Conocía en aquella mañana a Gloria. Una cubana que vivía en Miami hacía muchos años, ya establecida y con una vida muy organizada. Ella con una fe religiosa bien arraigada, de modales educados se enamoró de aquel chinito jodedor y una nueva luz llegó a la vida de Luis

Comenzó su ¨ mejor vida ¨ en aquel país. Formalizó su relación con aquella mujer. Se fue a vivir a su casa y comenzó a trabajar como conserje en una escuela donde ella fungía como Jefa de Conserjería.

A partir de ese momento las bendiciones le llegaron. Casa, auto, esposa, familia, trabajo, dignidad, fe y amor. El matrimonió duro hasta el fin de sus vidas. Ambos murieron en Miami ya viejitos.

Gloria fue una luz en la vida de Luis, gracias a ella encaminó sus senderos y avanzó a un estatus de vida superior.

Mi padre Máximo vivió más de 20 años con el dolor de no poder comunicarse con su hermano. Nunca más durante su etapa activa como trabajador fílmico de las FAR pudo contactar, recibir correspondencia, noticias o fotos de su hermano balsero. Las ideas políticas lo habían separado de su familia. Solo después de su jubilación, allá por el año 2001 se volvieron a encontrar.

Luis regresó a Cuba a visitar a su familia. Aquel joven que fue expulsado de su hogar, de su tierra y obligado a una emigración no deseada, regresaba por fin.

¡Que enseñanzas nos da la vida! El ¨escoria¨ que salió por el Mariel olvidó todas las diferencias y perdonó sin remordimientos. El militante comunista tuvo que esperar a jubilarse para aceptar la visita de su hermano y poder tener contacto con él.

Uno llegaba con los brazos abiertos para un abrazo sincero, el otro lo esperaba también con mucha franqueza y confianza en su rostro y libre para poder recibir a su hermano. Se encontraron los dos con lágrimas en los ojos. Se fundieron en un abrazo que parecía eterno. No querían separase. Aquel abrazo significaba muchas cosas.

Significaba la reconciliación de la familia, el final de una historia triste, el perdón a todo lo que había pasado y la alegría del reencuentro. Conversaban durante muchas horas todos los días, hasta la madrugada. Era como si quisieran recuperar todo aquel tiempo perdido donde no pudieron comunicarse. El amor triunfa siempre ante lo absurdo, la politiquería y el mal.

Máximo enfermó en el año 2005 a causa de un infarto cerebral que le dejara algunas secuelas físicas. Unido esto a la diabetes y la hipertensión que ya venían dando guerra hacían que su salud fuera frágil y necesitara cuidados. Se retiró de la vida laboral activa casi de manera obligatoria a causa de su padecer. La dura realidad volvía a darnos muchas lecciones, esta vez bien tristes y difíciles de asimilar. Nunca más fue visitado por antiguos compañeros, recibía con mucha alegría las esporádicas llamadas telefónicas que alguno de ellos podía hacerle. Se le notaba una tristeza grande al verse desechado por una maquinaria que lo utilizó en tantas y tantas ¨misiones¨.

Base Naval de Guantánamo, Limpia del Escambray, Crisis de los Misiles, Zafras azucareras, Ejercicios militares, Angola, Etiopía, Mozambique, El Congo, Guinea, Granada fueron algunas de sus ¨encomiendas¨ Largometrajes, documentales, noticieros informativos, y otros materiales fílmicos incluyendo escenas de la guerra de Angola cuentan con su nombre en los créditos finales.

Tanto en Cuba como en el extranjero, el chino Wong (así lo conocían) trabajó en su ambiente cinematográfico. Visitó decenas de países, algunos ya mencionados, nunca tuvo en sus planes la deserción o abandonar su país, su familia y sus funciones.

Toda su existencia la dedicó a Cuba y su Revolución. Formó a su familia en ese contexto. No admitía en ese entonces desviaciones políticas ideológicas.

Su historia no le sirvió de mucho, después de jubilarse ya no era útil. Tenía fecha de caducidad. Era un viejo. Murió en el año 2014 y ninguno de sus antiguos compañeros lo acompañó en su viaje final. Solo su familia estábamos en la funeraria y en el cementerio. Así terminaba su camino en esta tierra, murió convencido de que nada en la vida es más importante que la familia y desilusionado en grado extremo de La Revolución.

Todavía duele recordarlo con un poco de angustia y mucha decepción por las carencias que tenía, a pesar de haber luchado tanto, de haber estado alejado de su familia para cumplir con su deber en ese entonces.

Una vecina llamada Belkis.

Corría el ya citado 1980 y el matrimonio de Orestes y Norma con sus dos hijos ocupaban su modesta casa en un barrio del municipio La Lisa en la capital de todos los cubanos. Fuimos vecinos por muchos años.

Mi madre, mi abuela y la familia en general tenían en alta estima a esos vecinos por ser personas muy decentes, educadas y de buena convivencia.

Su portal era con frecuencia el lugar de encuentro de muchos muchachos del barrio para los juegos infantiles de la época. Allí nos reuníamos Belkis, Ivancito, René, Raúl, así como los más pequeños Amílcar y Albertico el hermano de Belkis, y yo por supuesto. Allí pasábamos horas jugando y de entretenimiento. Jugar a las casitas, damas y parchís era muy frecuente en el portal de Norma. Belkis siempre hacía el papel de madre y todos nosotros de hijos, padres, tíos, etc.

También era centro de exhibición de los juguetes **Básico, No básico y Dirigido** que con frecuencia anual nos compraban a los niños cubanos previa presentación de un cupón de la libreta de productos que racionaba todos los artículos en Cuba. No confundir esta libreta con la que norma los productos alimenticios, esta última continúa en vigor.

Para esa compra se publicaban unas listas donde cada núcleo familiar estaba incluido y donde se establecía que día podía ir a comprar los juguetes de sus hijos. Los que tenían la suerte de que les tocara comprar en los primeros días y turnos podían adquirir los mejores y más sofisticados juguetes. Tener una bicicleta era exclusivo de los primeros turnos del 1er día. El resto tenía que conformarse con lo que fuera quedando. Pero esos son temas para otra ocasión, regresemos a los vínculos con la familia de Belkis.

Nada empañaba las relaciones con aquella familia, tanto adultos como los niños manteníamos una buena amistad.

Entonces llegaba la decisión de aquel matrimonio de irse hacia los EUA vía Mariel. Tenían familiares en USA y casi toda su familia emigró en aquel entonces. El hijo mayor de Orestes, fruto de otro matrimonio, vino a buscar a toda su familia.

La contradicción llegó cuando Belkis apelando a la amistad que teníamos me cuenta que sus padres se iban del país para reunirse con su familia. La respuesta fue un cuchillo entrando en el pecho de mi vecinita. Le contesté que si ella se iba con sus padres ya no seríamos más amigos pues mi familia era revolucionaria y ellos unos "gusanos" e inmediatamente fui hacia mi casa y allí mismo se rompieron las buenas relaciones entre nosotros.

Belkis también fue a su hogar muy llorosa y les contó a sus padres lo sucedido.

Norma aprovechó una oportunidad y días después al encontrase con mi madre le hizo el cuento y muy diplomáticamente mi progenitora trató de explicarle que eran respuestas de un niño. Que tanto ella como su familia gozaban del aprecio de todos en el barrio. Aquello tranquilizó a Norma, pero con Belkis ya las cosas nunca fueron iguales, hasta su salida en algún momento de los sucesos del Mariel. Nunca más la he podido ver, pero tuve la oportunidad de tener contacto con ella gracias a la era digital que vivimos, me disculpé por aquella fea acción y mi grosera respuesta. Por suerte para mí ella no recuerda ese pasaje.

Nadie debe ser discriminado por razones políticas. Ella mucho menos pues era una niña en aquel entonces y seguía el camino marcado por sus padres. Yo por mi parte también era el fruto de una educación guiada por los míos.

Mi madre visitó en 1989 los Estados Unidos invitada por mi tío Armando, cuya historia también escribiré, y por supuesto contactó con nuestros vecinos Norma y Orestes.

El primer contacto ocurre vía telefónica para los saludos de rigor y para informarle a Norma y familia de la llegada de mi madre a tierras miamenses. La alegría de aquella mujer no tuvo límites. Se alegró infinitamente de poder conversar con mi madre. Hablaron largo rato y Norma preguntaba por todos los vecinos de su antiguo barrio.

De aquella conversación resultó una invitación a comer a casa de Norma. Y el encuentro personal superó las expectativas de mi madre. La manera de recibirla, la bienvenida que le brindó nunca más se le han olvidado. La abrazó de manera muy efusiva, la besaba como se besa a un familiar muy querido. Las muestras de cariño de ambas eran muy sinceras.

El menú era bien criollo. Arroz blanco, frijoles negros, tasajo, vianda frita y ensalada de vegetales. Algún postre también hubo en la mesa aquella tarde solo que mi madre ya no recuerda tantos detalles pues el paso del tiempo ya hace mella.

De política ni una palabra en aquella conversación, nada de repudio de un lado ni de otro. Se hablaban como siempre lo hicieron, con sonrisas, buenos modales y mucho cariño.

A mi madre la acompañaban varias personas, entre las que quiero destacar a mi tío Armando, el cual se sentó a conversar con Orestes y se explicaron mutuamente como habían sido sus comienzos en otras tierras. **Se pasa mucho trabajo al principio, se trabaja en lo que se puede, la vida es dura en un país ajeno, hasta vendí maní por las calles**, esos y otros argumentos contaba el esposo de Norma.

Y tenía mucha razón, solo los que han emigrado y establecido su residencia allende de las fronteras de su país saben lo que se siente al llegar a otras latitudes y tener que comenzar la vida nuevamente. Establecer una vivienda, encontrar nuevo trabajo, escuelas para los niños sin son pequeños y en edad escolar, comenzar a aprender cosas nuevas, direcciones nuevas, trámites migratorios, papeles para los abogados, manejar tus cuentas, pagar los servicios, la renta, los seguros, los créditos, idioma en muchos casos, leyes. En fin. Una vida nueva. Todo esto lo han hecho millones de cubanos por cumplir el objetivo de tener una perspectiva mejor, llena de sueños y un futuro promisorio para su descendencia. Emigrar es para valientes, no tengo dudas. Reitero mi convicción que primero está la familia y los amigos y en segundo plano las ideas políticas Para mi quedó olvidado aquella doctrina que los revolucionarios solo podían ser amigos de los revolucionarios. Las relaciones humanas no deben politizarse. Confieso que fueron los propios comunistas quienes lo mostraron al mundo, cuando el fenómeno de Internet y las redes sociales sacaron a la luz imágenes de hijos y nietos de la cúpula gozando las bondades del capitalismo. Nunca mejor se pudo decir. Haz lo que te digo, pero no lo que yo hago. Hipocresía es la palabra que define esos comportamientos. Tantas razones de este tipo han hecho dudar a muchos cubanos de la veracidad del discurso oficial, como fue posible que nos inculcaran por más de medio siglo que éramos iguales, que la honestidad y la austeridad eran las condiciones más importantes para ser un buen revolucionario, que nadie podía vivir por encima de sus posibilidades, nadie tendría un nivel de vida por encima del pueblo, bla, bla, bla.

Conclusión. Fueron ellos (la cúpula del poder) los que dejaron de ser revolucionarios y traicionaron a su país y a su pueblo

No necesito más argumentos para estar convencido de mi entonces error infantil con mi amiga Belkis, ha sido una lección aprendida.

CRONOLOGÍA DE UNA CRISIS. 1994.

- 28 de mayo: Mas de 120 cubanos ocupan la Embajada de Bélgica en La Habana, hacen un intento de pedir asilo y emigrar hacia Estados Unidos. Cuba como casi siempre hace acusa a Estados Unidos de instigar la acción y les niega la salida del país. Los ocupantes posteriormente. abandonan la embajada de manera voluntaria

- 13 de junio: Otros 23 cubanos penetran en un camión en la Embajada de Alemania en La Habana, con el mismo objetivo de obtener asilo político y emigrar. El gobierno cubano nuevamente les niega la salida.

- 13 de julio: **Hundimiento del Remolcador 13 de marzo.**

- 26 de julio: El barco "Baraguá" es secuestrado en La Habana y huye a Estados Unidos, donde 15 cubanos reciben refugio.

- 3 de agosto: El barco "La Coubre" es secuestrado en La Habana y huye a Estados Unidos, donde de los 190 cubanos a bordo, 117 requieren asilo.

- 4 de agosto: El barco "Baraguá" es secuestrado otra vez, pero se queda sin combustible mar afuera.

- 5 de agosto: Sucesos conocidos como **El Maleconazo**

- 8 de agosto: Se produce otro secuestro de embarcación, en el puerto del Mariel, durante el cual un guardia fronterizo mata a un oficial naval. 30 cubanos llegan a Estados Unidos.

- 11 de agosto: El gobierno cubano da la orden a sus fuerzas de seguridad, de no impedir la salida de los balseros. Las debían monitorear, pero no impedirlas o ayudarlas. Comienza a aumentar la cantidad de ciudadanos que abandonan el país, llegando a 35 mil.

- 16 de agosto: 339 emigrantes son recogidos por los Guardacostas de Estados Unidos en alta mar.

- 17 de agosto: Los Guardacostas de Estados Unidos recogen a 537 cubanos.

- 18 de agosto: El gobernador de Florida Lawton Chiles declara que el estado no puede asumir tantos refugiados cubanos que llegan, y pide al presidente Bill Clinton que declare emergencia de emigración. La Administración de Clinton anuncia que los cubanos que lleguen a la Florida en embarcaciones serán detenidos antes de poder ingresar en la comunidad.

- 19 de agosto: Clinton ordena trasladar a los balseros a "puertos seguros" fuera de Estados Unidos, como la Base Naval de Guantánamo en Cuba.

- 20 de agosto: Clinton anuncia la prohibición de enviar dinero a Cuba, y reduce la cantidad de vuelos entre Estados Unidos y Cuba.

- 22 de agosto: En una semana los Guardacostas de Estados Unidos recogen a 10.190 cubanos, más que durante la década de 1983-1993.

- 23 de agosto: Los Guardacostas de Estados Unidos recogen a 3.253 cubanos, récord en un día.

- 10 de septiembre: Estados Unidos anuncia un acuerdo con Cuba en temas migratorios. Cuba cerrará sus costas de nuevo.

- 11 de septiembre: El gobierno cubano da la orden a sus fuerzas de seguridad, de impedir de nuevo la salida ilegal por mar

El Remolcador 13 de Marzo

El remolcador 13 de Marzo era una embarcación que fue hundida por las autoridades cubanas y su servicio de Guarda fronteras cuando más de 70 personas intentaban salir del territorio nacional hacia los Estados Unidos. De estos hechos hubo 41 víctimas fatales lo que incluye a 12 niños que viajaban con padres y familiares. El remolcador fue atacado por las embarcaciones Polargo 2 y Polargo 5 las cuales embistieron al viejo remolcador y con potentes chorros de agua le hicieron graves daños en su estructura y casco. A los que se encontraban dentro de la embarcación no se les prestó auxilio y por ese motivo los muertos ascendieron a las cifras ya citadas. A pesar de la denuncia internacional el gobierno de Cuba no reconoció nunca los hechos y se ha asegurado por los medios oficiales que lo ocurrido fue un lamentable accidente

1994. El Maleconazo o Crisis de los balseros.

La **Crisis de los balseros de 1994** fueron una serie de acontecimientos acaecidos en mi patria durante varios meses de 1994, los mismos incluyen los hechos del Malecón, el hundimiento del Remolcador 13 de marzo, y otros. Durante esta crisis, más de 35.000 cubanos lograron emigrar hacia Estados Unidos.

Miles de cubanos se fueron aglomerando en el Malecón habanero y sus accesos. Comenzaron encuentros y enfrentamientos entre los manifestantes vs los seguidores del sistema socialista, obreros de centros de trabajo cercanos convocados a la confrontación y obreros de la construcción, también agentes de la policía y de la Seguridad del Estado disfrazados de trabajadores estaban repeliendo

Armados con palos, piedras y algunos con sus instrumentos de trabajo los enfrentamientos entre cubanos divididos por la política comenzaron a generar tensión en las calles de la Habana de aquellos días.

La manifestación y el disturbio se prolongó por varias horas y se extendió a municipios y áreas cercanas, comenzaron a oírse gritos de Abajo Fidel. Algo nuevo estaba pasando, la presión aumentaba. La Policía Nacional Revolucionaria, PNR por sus siglas, tuvo que entrar en acción y comenzar a reprimir ayudados por sus partidarios. Ya la represión se hacía pública y no enmascarada en el supuesto combate del pueblo revolucionario enfrentando a los oponentes y contrarios

La situación económica por aquellos tiempos era muy mala, el país estaba en el clímax del llamado Período Especial, nombre con el que se conoció a la crisis económica más grande que se producía en Cuba desde 1959.

Este caos tenía sus causas en la caída del campo socialista y en especial de la Unión Soviética, que hizo que se perdieran casi todos los vínculos y contratos con los países socialista de Europa del Este y con ellos las fuentes de abastecimiento seguras y estables de una Cuba acostumbrada a la manutención soviética. Todo este panorama no por sabido y esperado (el derrumbe socialista comenzó con el inicio de la década de los 90) hizo cambiar las políticas y concepciones del gobierno.

Evitar la pobreza, el desabastecimiento, el hambre y las necesidades de aquellos años era una obligación estatal, que sin dudas EL ESTADO debía asumir. No lo hizo y la precaria situación del cubano de a pie siguió agravándose hasta que la capital explotó y comenzaron a aparecer esos síntomas y manifestaciones de una enfermedad cíclica del socialismo cubano. Las crisis alimentarias.

Durante los hechos del Malecón hubo represalias policiales y por supuestos detenciones a civiles que se manifestaron por una mejoría de la situación económica del país. En horas de la tarde noche la tensión bajó dado por el enfrentamiento policiaco. Horas más tarde llegó una contraofensiva y los simpatizantes del sistema iniciaron una manifestación en apoyo a La Revolución. Fidel Castro pronunció un largo discurso donde condenaba los hechos y culpaba a los EUA de fomentar la desestabilización de Cuba con fines subversivos y anticomunistas. Para Fidel Castro todo aquello era el fruto de la acción del imperio vs Cuba y que podían haber provocado un ¨baño de sangre¨

Había estallado en La Habana, la mayor protesta popular en Cuba contra Fidel Castro, que luego llamaría a este día como el "Día de la Fidelidad a la Patria" y a su vez realiza una declaración donde deja muy claro que si los Estados Unidos no tomaban acciones para desestimular las salidas del país (ilegales según el Código Penal Cubano) entonces Cuba no iba a poner obstáculo o freno alguno a las salidas de embarcaciones que desde EUA quisieran ir a Cuba a recoger a los familiares. Esta estrategia del gobierno cubano tenía sus antecedentes en los hechos ya descritos del Mariel 1980, donde también se abrieron las fronteras, comienzan a salir todos los ciudadanos descontentos, disminuye la presión popular y al mismo tiempo le va creando y trasladando el problema a las autoridades de Estados Unidos.

El 4to éxodo masivo.

Hubo más éxodos masivos, de hecho, en 2015 más de 44 000 cubanos llegaron a Estados Unidos trascendiendo como el cuatro éxodo desde la isla.

Esta nueva ola de salida de cubanos de nuestra Isla fue más numerosa y dramática que el hecho anterior de 1994 pero no acaparó planos estelares en los medios informativos.

Esta vez los cubanos adoptaron un nuevo modus operandi, similar al que utilizan los centroamericanos para penetrar en territorio estadounidense.

En una travesía que a veces incluye hasta ocho países, los cubanos atraviesan el extenso territorio mexicano hasta llegar a la frontera entre México y Estados Unidos, donde se acogen a la Ley de Ajuste Cubano.

Los cubanos provienen de todas partes de la isla y su edad promedio oscila principalmente entre los 20 y los 40 años, y su marca distintiva es el desespero, es decir, el mismo promedio de edad de 1994 y las mismas ansias de escapar.

La de 1994 es una migración de aventureros por el estrecho de la Florida a merced del mal tiempo y los peligros del mar, la de 2015-

2016 es una migración en su mayoría protagonizada por caminantes por las peligrosas selvas centroamericanas a merced de los gobiernos de la región, narcotraficantes y los coyotes.

El aumento en el número de migrantes cubanos escapando de Cuba con el fin de arribar a Estados Unidos se da en el periodo inmediatamente posterior al anuncio del restablecimiento de relaciones EE. UU.-Cuba del 17 de diciembre de 2014.

Una diferencia fundamental entre este cuarto éxodo de cubanos y los anteriores sería que mientras varias administraciones americanas desde 1965 hasta 1994 declararon abiertamente una crisis política y migratoria con la subsiguiente ayuda federal para los refugiados, ello no ocurrió con la administración de Barack Obama. Las crisis migratorias que ha tenido nuestra isla obedecen al creciente miedo que tienen los cubanos a que en un momento dado todos los beneficios que tienen en su condición de emigrante en territorio norteamericano se terminen y por supuesto unido a la frustración de que el socialismo es inoperante y fallido. Actualmente entre el año 2021 y 2022 se estiman que han cruzado las fronteras más de 300 mil cubanos, cifra récord, lo que demuestra que la situación actual cubana es infinitamente más dura y férrea que las anteriores que caracterizaron los éxodos precedentes

Algunos de los testimonios acopiados en este libro refieren sus experiencias en su paso hacia Estados Unidos.

Tío Armando.

Era hermano de mi madre Mercedes Placeres Lazo con la cual tenía una relación muy especial, le tenía un cariño muy grande por ser ella la más pequeña de 7 hermanos. Le decía Niña.

Armando era la viva estampa de mi abuelo Modesto, siempre fue muy delgado, narizón, de hablar muy elocuente, de firmes ideas, de carácter fuerte como todos los hermanos Placeres.

Defendía sus puntos de vista de manera fervorosa. Era parte activa en aquellas reuniones domingueras en la casa de los abuelos, discutía de política con sus hermanos, defendía la idea de que, para edificar un nuevo sistema más justo, enfocado en los social y defendiendo al pueblo no se tenía que renunciar a la libertad de expresión, a las leyes del mercado, en especial a la oferta y la demanda. Defendía con mucha fuerza la idea de que los negocios privados debían mantenerse y que eran una fuerza que impulsaba el desarrollo del país. Para mi tío Armando esos pequeños negocios privados nunca debieron nacionalizarse.

Lo recuerdo argumentando a sus hermanos Juan y Bebito que ellos todos fueron ayudantes de bodegueros y de albañil en sus años mozos, en la época de Machado y de Batista (Presidentes de Cuba en periodos anteriores a 1959) y que se supiera ningunos de los bodegueros o jefes de obras con los cuales trabajaron eran ricos ni burgueses, por lo que no eran enemigos políticos de una Revolución socialista.

Mi tío defendía la idea de que podían continuar los pequeños negocios y que no todo podía ser subsidiado y controlado por el Estado.

En la otra parte teníamos a los que defendían con mucha fuerza también, vehemencia y calor las ideas de que la propiedad privada era el enemigo número 1 del socialismo y que una Revolución socialista no podía permitirme el lujo de tener negocios y emprendimientos privados.

La historia reciente y las nuevas licencias para ejercer el trabajo privado demuestran que mi tío Armando tenía la razón en aquellas entretenidas discusiones familiares.

Armando Placeres visitó por primera vez EUA por el año 1986 y lo hizo para visitar a su hija Carmen quien había salido de Cuba en el año 1980 junto a Dora (su madre) por el puerto del Mariel.

Al regresar, ya la abuela Carmelina empezaba a vivir sus últimos años, la presión arterial, los eventos de neumotórax y los ingresos hospitalarios se hacían más frecuentes. El amor por su madre era muy grande y le hizo estar a su lado hasta su último minuto. Quiso el destino que mi abuela falleciera el 9 de diciembre del 1988, ese día tío Armando se quedó con ella en el hospital Finlay, conocido como Hospital Militar. Su muerte significó un duro golpe para todos. Se nos iba abuela, se caía el horcón de la casa, el bastón espiritual de todos.

Un tiempo después, en la década del 90, exactamente en 1993, mi prima Carmencita volvió a invitar a su padre a visitarla.

Una tarde de domingo visitó a mi madre para decirle que viajaría nuevamente a USA. El café estaba colando y lo pidió, como era su costumbre, cortado con leche. Mercedes, mi madre, se alegró mucho de la noticia y le pregunta.

- **¿Mi hermano y esta vez cuanto tiempo estarás?**
- **Niña, voy y no regreso.** Fueron sus palabras.

Agregó. **Vengo a verte para decirte y pedirte tu criterio, es muy importante para mí.**

Mi madre contestó.

- **Los que podían impedir tu partida ya murieron, eran mamá y papá. Ahora debes pensar en ti, tus deseos, reunirte con tu hija. Cumplir con tus sueños.**

Salió para Estados Unidos definitivamente y también dejó abierta la posibilidad de que su nueva esposa e hija pequeña pudieran viajar tiempo después a reunirse con él.

Algunos meses posteriores a su partida mi madre tuvo la posibilidad de enviarle una carta con una amiga que viajaba por invitación familiar también. El contenido de la misiva era familiar, sobre todo tenía como intención no repetir el error cometido en 1959 con tía Caridad y continuar las relaciones con su hermano.

La sorpresa fue grande, nos cuentan que al recibir la noticia de que tenía carta de su hermana, salió de manera urgente y acudió al encuentro de aquella amiga

Al tener la carta en sus manos expresó.

-Yo sabía que mi hermana no me fallaba

Me cuenta mi madre que aquella expresión la decía por el alivio de que tendría comunicación con su hermana, que no era reprochado por su decisión de emigrar, se había quitado un peso de encima.

Cuando tuvo la oportunidad y la solvencia necesaria invitó a mi madre a visitarlo, junto a ella también viajaba una hermana de ambos y por supuesto mi tía. La conocíamos todos como tía Gumita.

Fue un encuentro maravilloso. Visitaron juntos muchos lugares, restaurantes, parques, hicieron visitas a familiares y amigos. La visita obligada y que no podía faltar fue a la ciudad de Nueva York donde reside la tía Caridad.

Tomaron un vuelo Miami – New York y allá llegaron los tres hermanos a visitar a la otra hermana que había salido de Cuba casada con un puertorriqueño y cuya historia ya fue contada.

Hubo abrazos, besos, conversaciones interminables en aquel piso en New York que ocupa la tía junto a su esposo.

Como es costumbre entre los cubanos al reunirse no faltó el buen café, los cuentos de Cuba, los vecinos, familiares que ya han fallecido, los que quedan, los enfermos, los que están sanos, los nietos, los hijos, y un largo etc. De política no se habló. No hubo reprimendas, no hubo rendiciones de cuentas, nadie tuvo que dar explicaciones de sus ideas y motivos para salir de Cuba o para quedarse. Las personas son libres de tomar sus decisiones y nunca dejarán de ser familias. En ese encuentro tampoco nadie preguntó si aquella expresión de tía Caridad refiriéndose a Fidel Castro había sido suya, de su ingenio o fue un invento de Eusebia.

Mi tío Armando falleció en el año 2004. Fue un duro golpe para mi madre, mi tía Gumita y para todos sus hermanos. Mis primas viven en USA y mantenemos comunicación en lo posible en este mundo de la tecnología y las redes sociales.

Un cubano en México

Mi entrevistado es un cubano que aportó una parte importante de su juventud para formarse como oficial de la Fuerzas Armadas Revolucionarias, de perfil jurídico.

Su familia de origen campesino tuvo activa participación en la guerra insurreccional. Hombre muy humilde, sencillo, de buenas maneras y de un trato excelente con las personas, lo cual unido a su hablar fluido y gracioso lo hacen un excelente conversador.

Nos conocemos desde hace muchos años, para ser exactos 31 años, desde aquel lejano 1987. La amistad más cercana llegó en el año 2001 cuando coincidimos en un Hotel de La Habana realizando un cambio al frente de un departamento.

Siempre ha sido directo en sus opiniones lo cual le ha traído no pocos disgustos y problemas con superiores. Asume sus criterios con valentía y los defiende a toda costa.

Fue de gran ayuda a mi llegada a México, sin ningún tipo de interés o doble rasero me ayudó en lo más importante para un recién llegado. Encontrar trabajo y casa.

Lo valoro mucho, lo admiro extraordinariamente y sus criterios no podían faltar en mi experiencia literaria.

Héctor Lorente Gonzalez, es un hombre común, con la simpatía del guajiro cubano y con la fuerza y empuje necesario para rehacer su vida fuera de nuestras fronteras.

Entrevista a H L.

- ¿Desde cuándo vives en México y por qué?

- Vivo en México hace diez años, porque conseguí un permiso de trabajo y vine a trabajar

- Influye más la situación económica o la política en la decisión de abandonar su país y radicarse en el extranjero ¿?

- La decisión fue económica, pero en Cuba todo va en torno a la política! Por motivos políticos (conceptos, leyes, limitaciones, etc.) es imposible tener una prosperidad económica en nuestro país.

- Te decepcionó, defraudó o engañó en algún momento el proceso revolucionario en Cuba.?

- El proceso si me defraudó en múltiples ocasiones, se convirtió en algo muy mezclado de intereses y egos personales de sus máximos dirigentes, justificados en ideales de bienestar para los pobres y humildes. Sobre base de supuestos principios inquebrantables, se pidió y sometió a varias generaciones de cubanos en personas de extremada miseria social, económica y moral.

- ¿Qué opinión te merece los flujos migratorios en Cuba a partir de 1959??

- Los flujos migratorios existen, han existido y existirán, está en la naturaleza de las especies vivas, pero en el caso de los cubanos después del 59 ha sido la única alternativa para vivir mejor, sin tener que esconder lo que piensan y poder trabajar en interés de lograr los sueños de vida, que, aunque no lo logren, viven en una sociedad que le permite trabajar por ellos, sin limitarlos

- ¿Son para ti los conceptos de Migración y Exilio similares?

- El concepto de emigración y exilio no es lo mismo. La migración es una alternativa entre varias y el exilio es una única alternativa que te obliga a residir fuera de tu país.

- ¿Es válido el concepto de Conmigo o contra mí para una Revolución socialista?

- Para nada es válido el concepto de conmigo o en contra mía; de hecho, niega conceptos del marxismo cuando dice que la unidad y lucha de contrarios es la fuerza motriz del desarrollo. Por otra parte, hay que trabajar por tener sistemas en lo que estemos incluidos todos y el nombre de socialista, o como quieran llamarle, es secundario.

- **Si te vieras en Cuba hoy y te dan la posibilidad de emigrar: ¿Lo harías o te quedas dentro para tratar de cambiar el régimen?**

- Si estuviera en Cuba hoy, volvería a buscar la forma de salir de allí, el sistema está muy bien montado y es muy difícil cambiarlo desde dentro

- **¿Como ves el futuro inmediato de Cuba?**

- El futuro es muy claro para Cuba hoy. Si no hay un cambio radical inmediato, crecerá más y más el hambre, la miseria y la desesperación del pueblo

- **Me cuentas la anécdota de Lorente padre y su desencanto con la Revolución que había defendido.**

Si, por supuesto. Mi padre viajó a los Estados Unidos y quiero aclarar que lo hizo mucho después de haber estado desvinculado laboralmente de las Fuerzas Armadas, es decir ya estaba jubilado hacía muchos años. Ante todo, debo contarte que ese viaje le trajo un sinnúmero de sinsabores a su regreso. Algunos excompañeros y amigos (al menos así eran considerados por él) tuvieron actitudes discriminatorias para con mi padre. Producto a su viaje a tierras del Norte, dejaron de verlo como su compañero, ya no le llamaban, no lo saludaban y eso por supuesto que le dolió mucho. Esas posiciones tan radicales le hicieron ver muchas cosas y aprendió (aunque fuera un poco tarde) que no era amistades verdaderas

Vamos a la anécdota: A su regreso de los Estados Unidos y reunido con sus hijos nos contaba sobre su viaje, los lugares que visitó, las experiencias que tuvo por aquellas tierras. Pudo ver con sus propios ojos cómo funciona la sociedad capitalista, como funcionan sus instituciones, los mercados, los bancos, el sistema del transporte, el funcionamiento social, la labor de la policía, los abastecimientos, los servicios médicos, las escuelas de los niños de la familia, entre otros tantos y tantos temas de conversación. Y en un momento de la conversación se dirige a mí y me expresa. Lorente: **El comandante nos ha engañado.** Se refería a toda la retórica que Fidel Castro mantuvo como una constante en sus discursos oficiales y en su adoctrinamiento al pueblo cubano. Donde criticaba a diestra y siniestra todo lo concerniente al sistema de vida en los Estados Unidos. La crítica desmedida hacía el capitalismo, y su defensa a ultranza del sistema socialista. No puedo negarte que todos reímos a carcajadas por aquella expresión. La decía un miembro del Ejército Rebelde, un combatiente internacionalista, un oficial jubilado de las Fuerzas Armadas, fundador del PCC en las FAR, un cubano que pudo desengañarse de tantas mentiras dichas una y otra vez con el objetivo de adoctrinar a un pueblo y perpetuarse en el poder.

La historia de la balserita cubana

Lizbet Martinez es la nieta de Maria Cristina Tarafa, la vecina de toda la vida, calle 76 entre 51 y 53 en el hermoso barrio de Alturas de Belén, Marianao. Hija de Jorge Martinez aquel buen muchacho que un día decidió hacer su propia balsa para emigrar cansado de tanta escasez. Sus ideas de emigrar seguramente serían ¨mal vistas¨ por el sistema político.

La familia de María Cristina era bien conocida en esa zona como una familia decente, de buenos modales. Descendientes de la familia Tarafa, con su origen en Bolondrón Matanzas. Personas de buen nivel social, asentadas en ese barrio habanero.

Los dirigentes del CDR de su cuadra al conocer sus intenciones se aseguraron de que tuviera un registro policial en su domicilio donde encontraron algunas herramientas y piezas destinadas para fabricar una balsa o lancha rústica para consumar su salida del país. Su afición a la mecánica enmascaró sus verdaderas intenciones Aquello no probaba nada, pero marcaban mucho a esa familia que no tenía antecedentes ni problemas con las autoridades. En Cuba cuando una vivienda es requisada por los órganos represivos siempre queda la sensación de bochorno entre sus miembros, máxime cuando son personas de buena conducta social

La presidencia de su CDR (Comité de Defensa de la Revolución) eran sus vecinos más cercanos, los habitantes de la vivienda colindante, los cuales hasta ese momento habían mantenido una buena relación con María Cristina de muchos años.

Tantos años de amistad, de conocerse muy bien, de saber que eran personas de pudor, de buena conducta, que no eran delincuentes ni maleantes   no bastaron para impedir que a partir de ese momento fueran considerados enemigos políticos.

En aquellos años era también muy frecuente los mítines de repudio. Acto de repulsa popular, orientado por el PCC (Partido Comunista de Cuba) para evidenciar el desprecio hacia aquellos que pensaban diferente. Dichos actos de repudio llevaban consigo gritos eufóricos, consignas revolucionarias, apelativos groseros y por supuesto ofensas personales.

Términos de gusanos, escorias, abajo la gusanera y Que se vayan eran frecuentes en estos actos mal llamados revolucionarios. Los cuales llevaban la intención de amedrentar a los que habían decidido irse del país buscando mejor vida o situación económica. También era la expresión más baja de un sistema político incapaz de reconocer a quienes disienten.

Era frecuente en aquellos actos de repudio o mitin que se tirara huevos a las viviendas de los que se iban de Cuba, junto con todo tipo de desperdicios, en algunos casos desperdicios humanos (heces)

Muchas familias cubanas fueron víctimas de aquella payasada. Muchos sufrieron aquel desplante y conocieron de primera mano lo que era capaz de organizar un sistema cuando alguien se le opone a su doctrina y emprenden otro camino.

En el caso de Lizbet les cuento que desde pequeña había estado estudiando piano en la cercana escuela García Caturla, institución escolar que formaba desde edades tempranas a los niños en materia musical. Su aprendizaje del violín también iba muy bien y en ese año 1994 ya salían hermosas melodías interpretadas por la adolescente Lizbet. Durante los preparativos para su salida, su padre le encomendó no olvidar el violín.

Su rustica embarcación fue interceptada por las lanchas guardacostas estadounidenses y los oficiales a bordo se quedaron perplejos al escuchar a una niña entonar notas con su violín tales como Star Spangled Banner y el Himno Nacional americano. Estas notas musicales las había aprendido previamente y de casualidad.

Ella pensaba que era un himno religioso hasta que a través de un familiar fanático al Beisbol de Grandes Ligas le explicó de que se trataba. De mucho le sirvieron esas notas para impresionar a la oficialidad presente. Al ser rescatados le querían botar todas sus propiedades e incluso hasta el violín. La barrera del idioma era cada vez más fuerte, los guardias no entendían español y los balseros nada sabían de inglés. Sus notas musicales interpretando el Himno americano fue la llave para que sorprendiera gratamente a los militares.

El Capitán de la embarcación quedó tan gratamente deslumbrado que trasmitió que una niña cubana estaba tocando su Himno nacional. Su padre Jorge ¨ lloraba ¨ de emoción.

Ese momento fue convertido en unos de los más memorables de aquella nueva crisis migratoria.

Nuestra vecina fue la cara visible de aquella situación puesto que una vez rescatados por los guardacostas fue trasladada junto a sus padres a la Base Naval de Guantánamo y la imagen de la niña fue centro de la campaña para lograr que todas personas y en especial los niños fueron liberados de la Base y pudieran ingresar a tierras de Libertad.

Tan famosa se hizo en aquellos tiempos que fue invitada a la Casa Blanca para tocar su violín ante Bill Clinton, el 42 presidente de Los Estados Unidos de América, el cual estuvo en funciones desde el 20 de enero de 1993 hasta el 20 de enero de 2001, y además fue felicitada y congratulada por el Gabinete del Estado de la Florida, declarando en su honor el 29 de marzo de 1995 como "El Día de Lizbet Martínez"

Lizbet nunca olvidó su paso por la Base Naval de Guantánamo y tampoco olvidó a otros niños que allí se encontraban, por eso en su encuentro con Bill Clinton pidió al Presidente que ayudase a todos los niños que aún seguían en la Base, entregándole un regalo de cerámica. Recibió la promesa presidencial que esos niños saldrían más temprano que tarde y que tendrían un futuro prometedor.

Prometió al Presidente no quitarse el reloj que identificaba a los basificados en Guantánamo hasta que la última persona no saliera de aquella base naval. Allí había permanecido 5 meses junto a sus padres.

Todo ese tiempo la abuela María Cristina estuvo en su hogar en el populoso barrio de Marianao rezando por la suerte y la vida de su hijo y su familia. Mucha era la incertidumbre por no saber si habían llegado, si fueron rescatados en el mar y la lógica preocupación por sus seres queridos. Solo las ansias de dejar atrás su vida y empezar una nueva impulsan a las personas a lanzarse al mar, a encomendarse a Dios que los salve de un naufragio o de cualquier calamidad.

A su llegada, Lizbet se presentó en muchas actividades del exilio cubano, que la trató espectacularmente. Muchas personas le tendieron la mano, entre ellas el músico Willy Chirino, que le otorgó una beca de $3,000 para sus estudios universitarios.

Actualmente Lizbet es maestra y esta graduada de Licenciada en Educación Musical en la Universidad Internacional de la Florida en 2003.

José Angel Vega.

José Angel es el primo hermano mayor de mi esposa. Criados en la misma casa, hijo de Juan Ramón Vega y Ana Rosa Rodriguez. Su infancia fue como la de cualquier niño nacido después de 1959.

Su padre Juan Ramón el cual era el hermano menor de mi suegra Digna María Vega, y barbero del barrio de Alturas de Belén crió a sus hijos en la humildad y decencia propia de las personas de bien.

Antes del triunfo de la Revolución era el dueño de la barbería del barrio, donde coincidentemente vivían a solo unas cuadras de distancia, los Tigres de Masferrer. Banda paramilitar muy temida en aquella época. Juan Ramón los pelaba y afeitaba a todos en aquella barriada.

Fue un hombre muy querido en su entorno de residencia. Desde muy joven era bailador, fiestero, muy risueño y propenso a bromas y picardías con amigos y vecinos. Este carácter le facilitó el cariño de todos. Muchas generaciones pasaron por su salón para cortarse el cabello y rasurarse la barba. Incluso no exagero si les cuento que contaba con mujeres entre sus clientes.

Ese carisma lo hacía un hombre con muchos amigos, con diversas tendencias políticas. Su padre había sido miembro o partidario del Partido Liberal en su Bolondrón natal, tenía amigos en otros bandos políticos. Ya conocen que era el barbero de los Tigres de Masferrer, pero también era amigo de los hermanos Toirac Vilorio, los cuales eran muy revolucionarios y muy fervientes partidarios de la naciente

Revolución, en especial Carlucho, joven que desde muy temprano combatió a Batista y lamentablemente falleció en un accidente de tránsito en los primeros meses de 1959. Tuve la suerte de conocer a su madre Lidia Vilorio y algunos de sus hermanos, pues fuimos vecinos en el barrio de la Lisa

Pero volvemos a la historia de Juan Ramón y su familia.

Tuvo tres hijos, el ya mencionado José Angel (Pepe) y dos varones más. Juan Carlos (ya fallecido) y Jorge Ramón.

Durante los hechos de la Embajada del Perú y los posteriores sucesos del puerto de Mariel la familia de Juan Ramón (esposa y tres hijos) estaban preparados para introducirse en el recinto diplomático con la intención de abandonar el país. Familiares residentes en Miami también estaban esperando en sus embarcaciones en el ya mencionado puerto al oeste de la capital para llevarse consigo a todo aquel pariente que quisiera dejar Cuba.

Aquellos preparativos no llegaron a concretarse. Un miembro de la Seguridad del Estado (G-2) amigo del tío barbero se le acercó y le confesó que pensara bien su decisión. Dió detalles de cómo estaban las operaciones en el puerto del Mariel, y que si continuaba con sus ideas podrían tener problemas al salir del país pues su hijo Jose Angel ya estaba en edad del Servicio Militar y sería objetado de poder viajar. Ante esta información se decide no llevar a cabo su salida y quedarse tranquilos en casa.

La historia de Pepe, así le llaman los más allegados, la vamos a relatar desde su primera juventud para que se comprenda mejor.

Desde muy joven gustaba de la pintura, afición heredada de su padre y externaba su apego por la música extranjera y era asiduo a las frecuencias moduladas de la radio (FM), donde se podían escuchar por su conocida cercanía geográfica las emisoras de radio en Miami. Casi todas esas emisoras trasmiten su programación radial en idioma inglés, lo cual unido a que provienen de territorio de los Estados Unidos, eran consideradas emisoras subversivas y aquellas personas que consumían esa música eran considerados ideológicamente desviados.

Pues bien, Pepe era de aquellos jóvenes que subían a los tejados para mejorar la recepción de los equipos de radio y escuchar aquella música en inglés, que si bien era prohibida también era muy demandada y buscada por jóvenes cubanos en aquellos tiempos. Su vestir, su pelado, su estilo (como dirían hoy en día) estaba más próximo a los prototipos y las tendencias culturales que impone la moda que a los arquetipos e ideales de una naciente Revolución Socialista.

Sabiendo que la tentativa de su padre salir de Cuba no llegó a buen puerto vivía aquellos años de su juventud con la idea de vivir en Estados Unidos. No era una obsesión, pero si fui testigo de su anhelo y deseo de poder vivir un día en territorio norteamericano.

El Servicio Militar lo llamó como se esperaba y Pepe salió a cumplir Misión Internacionalista para Angola. Fue destacado en una unidad militar en alguna parte de la geografía angolana y su misión consistía en hacer turnos de guardia cuidando y preservando los polvorines de armamento de las tropas. Es de imaginar que dichas funciones no gustaban en el seno de la familia, sabedora de que cualquier incidente cerca de un polvorín de armas y explosivos le podía costar la vida al joven Jose Angel.

Su amor por la pintura y que realmente lo hacía muy bien fue el pasaporte para que fuera escogido para otras funciones. Es designado Planchetista y se dedicaba a dibujar en la plancheta (término que describe una pizarra militar donde se exponen datos, ubicación de coordenadas de aviones y posiciones enemigas para la toma de decisiones del mando militar) En esta nueva posición podía tener mejores condiciones, estaba en el Estado Mayor de su Unidad, cerca de los principales jefes y una mejor alimentación lo cual en condiciones de un campamento militar es una mejora importante.

Debido a su buen comportamiento, sus resultados en su misión internacionalista regresan a nuestra tierra con méritos que lo hacen ingresar en la Ciudad Universitaria José Antonio Echeverría (CUJAE) en la carrera universitaria de Arquitectura. Dicho perfil se adecuaba mucho a su gusto por el dibujo. Se gradúa de Arquitecto y lo envían a la Central Electronuclear de Juraguá en Cienfuegos a trabajar y pasar el Servicio Social.

La ciudad nuclear de Juraguá, fue el sueño atómico que Fidel Castro quiso construir en Cuba inspirado en las centrales de la URSS. Representaba la oportunidad de lograr un sueño largamente acariciado por la revolución cubana: poner fin a su costosa dependencia del petróleo.

La planta nuclear de Juraguá comenzó a erigirse a inicios de la década de 1980 siguiendo el modelo de la central soviética de Chernóbil, donde pocos años más tarde se registró el mayor accidente nuclear de la historia.

El plan oficial contemplaba la creación de dicha planta, junto a la que se alzaría la Ciudad Nuclear, y se construyeron viviendas e infraestructuras para acoger a miles de trabajadores.

Por aquel entonces contrajo su primer matrimonio y tuvo a su hijo Ramsés, pero la vida en la ciudad nuclear se hacía imposible de llevar. Comenzaba la década de los años 90 y con la caída del campo socialista de Europa del este y en especial de la Unión Soviética se advenía la crisis más grande que enfrentaría Cuba hasta ese entonces, se le denominó Período Especial en Tiempo de Paz. Dicho término fue la denominación dada por Fidel Castro para nombrar una etapa gris en la economía del país. El 80 % del comercio estaba sustentado en el campo o bloque socialista. El CAME (Consejo de Ayuda Mutua Económica) dejaba de funcionar y Cuba sufría en exceso el desmoronamiento de su esquema contractual.

Por esas circunstancias el plan inicial con la Ciudad Nuclear y su planta vió paralizada su desarrollo y sus trabajadores tuvieron que reconvertir su vida y comenzar a laborar en otras funciones.

José Angel regresó a la Habana a casa de sus padres para buscar nuevos horizontes o perspectivas para su desarrollo personal y profesional. Separarse de su hijo fue una decisión muy difícil de asumir. Como buen padre le dolía mucho la distancia con su benjamín

Ya su matrimonio con Marité estaba deshecho en ese momento. En La Habana conoce a una joven con la que empieza una nueva relación. Greta que es su nombre es una aplicada profesional en la literatura y letras. Hija de un eminente médico cubano radicado en Chile.

Greta es hoy su actual pareja. Esta muchacha de hablar muy pausado, de vasta cultura y actuar refinado y después de un tiempo de relaciones con José Angel le sorprendió con una noticia increíble para él. Ella desde hacía tiempo atrás estaba inscripta en el sorteo USA. Tuvo la suerte de ser escogida y podía viajar hacia Estados Unidos por dicho sorteo. Los cubanos conocen esa lotería como El Bombo.

José Angel podía entonces contraer matrimonio con su novia y acogerse al sorteo, lo cual le permitiría viajar legalmente hacia el Norte. Alegría indescriptible para Pepe, podría cumplir aquel sueño de su primera juventud. Emigrar a los EUA.

Recuerdo aquella noche del 2004, cuando Lisette, mi esposa, y yo invitamos a su primo José Angel y a Greta a unas copas en un bar del Club Almendares, conocido por El Chévere, para hacer una despedida pues ya viajaban hacia su destino en USA. Bailamos y bebimos durante un rato hasta cerca de la medianoche dándole un último abrazo antes de su migración definitiva.

Ellos han podido visitar la Isla en todo este tiempo, nos hemos vuelto a ver tanto en Cuba como en Cancún y hemos compartido juntos en familia. Hoy viven en Miami, continúan juntos y son felices.

Les reproduzco algunos razonamientos de José Angel Vega en nuestro último encuentro en La Habana.

- Que valor tiene para ti haber emigrado a los Estados Unidos.

- Siempre fue mi objetivo en la vida, soñaba de joven con irme a vivir a otro país, principalmente a Estados Unidos por ser el país más grande del mundo, con oportunidades para todos. La vida me sorprendió cuando Greta me comenta que estaba apuntada en el Bombo y lo había ganado. Era mi ilusión más grande

- De tu etapa juvenil puedes identificar influencias en tu conducta, que marcaran tu manera de vestir, música preferida, etc. Piensas que eras un joven problemático en esos años.

- Es difícil enmarcar las influencias de esa época. Algo tenía claro en mi conducta y era que no le hacía daño a nadie con oír música extranjera, en idioma inglés o que se escuchaba en emisoras de Miami. Yo era un buen joven, formado muy bien por mi familia. Mis padres eran muy conocidos y queridos en Alturas de Belén. Mis gustos eran propios de una parte de la juventud de los 60´. Nos llamaban pepillos y oíamos música por FM, pelo largo, jeans y otras modas, pero creo que era un buen joven, decente y educado como me criaron mis padres.

- Tuviste la oportunidad de estar en la guerra de Angola, ¿Cómo influye eso en ti, como lo vives, te influye para tu conducta posterior?

- África influye mucho en todo aquel que la haya visitado, ir como soldado a una guerra representaba un riesgo y peligro para la vida, allí al llegar me ponen a cuidar unos polvorines llenos de armas y explosivos. No sabía cómo decirles a mis padres donde estaba y lo que hacía. Estuve en Lubango, una ciudad al sur de Angola, donde la Agrupación de Tropas de Sur tenían su mayor influencia y por eso nunca estuvo en manos de la UNITA. Pero si fue atacada varias veces. Después mejoré de posición y me ponen de planchetista, por lo que me pasan al Estado Mayor y las cosas cambiaron. Recuerdo que tenía un suegro en aquella época que no quería que tuviera relaciones con su hija por mi forma de ser, mi peinado, etc. y ese hombre era militar. Al enterarse de que estaba cumpliendo misión internacionalista y había tenido buenos resultados en el estado Mayor de Lubango accedió a que siguiera aquella relación.

- Estudias Arquitectura en la CUJAE y al graduarte te mandan a Cienfuegos, a la Electronuclear. ¿Como vives esos años?

- Si, al llegar de Angola puedo ingresar en la CUAJE gracias a la orden 18, donde los muchachos del Servicio Militar podían optar por una carrera universitaria. Me gradúo y me mandan para Juraguá. Allí al poco tiempo todo se estancó, llegó el período especial y no había trabajo. Nos mandaban a la agricultura, a pasar cursos y otras actividades que no tenían nada que ver con nuestro puesto de trabajo. Todo eso unido a la mala situación económica, la crisis que estábamos pasando hizo que aquellos años en la Nuclear fueron funestos. Aquello lo considero un fracaso y otra locura de Fidel Castro. Hoy mis amigos y vecinos de ese entonces me dicen que aquello es una ciudad fantasma. Está abandonada totalmente, es una ruina.

- ¿Te decepcionó, defraudó o engañó en algún momento el proceso revolucionario en Cuba?

- Nunca fui revolucionario, mi sueño era irme de Cuba, ya eso te lo dije. No te decepciona algo en lo que no crees, en lo que no tienes confianza. Pero te diré algo. Se siente cierta frustración el hecho de que en este país no se vea una solución a sus problemas, que los jóvenes piensen en irse para lograr sus objetivos. En cierta manera esas cosas desilusionan.

La travesía del diablo 1

Les voy a contar las peripecias de una cubana que, junto a su novio, hermano y otros amigos decidió un día salir del país. El grupo de jóvenes y otros no tan jóvenes estaban hastiados de la situación económica y de la espera en una mejoría que nunca ha llegado a pesar de los 62 años de Socialismo en Cuba.

A finales de la década de 2000 surgió una nueva ruta para la emigración de los cubanos y fue tomando cada vez más importancia. El gobierno ecuatoriano de Rafael Correa decidió en 2008 cancelar la exigencia de visas de turismo a los visitantes extranjeros.

En consecuencia, a esta decisión de la administración ecuatoriana de ese momento, un número creciente de cubanos entraron a Ecuador en calidad de turistas a partir de esta fecha, muchos se quedaron a vivir allí, otros continuaron viaje hacia los EUA buscando el American way of life.

La joven de esta historia sale de Cuba con destino a Ecuador, específicamente a Quito, su capital. La llamaremos D pues prefiere ocultar su nombre y contarnos de manera anónima sus memorias.

- En aquellos años los cubanos viajaban sin visa a Ecuador. A la llegada a Quito tratamos de empezar a trabajar para poder sustentarnos. Mi novio comenzó a trabajar en la lavandería de otro cubano que había llegado allí meses antes y ya tenía un negocio. La paga no era mucha, pero al menos no solo teníamos gastos. Algo de ingresos ya íbamos teniendo y nunca viene mal.

De la vivienda donde pudimos rentarnos te cuento que tenía solo dos cuartos y éramos 6 cubanos en los primeros días, por lo que puedes imaginar que literalmente aquello era un campismo. El barrio de Calderón en Quito no es de los mejores lugares, tiene fama de inseguro, pero era lo que teníamos. A decir verdad, todos los días pensaba en la casa de Cuba, las buenas condiciones que tenía. En las noches me entraba el "gorrión". Extrañaba mucho todo lo que se había quedado atrás. La nostalgia te invade y te hace preguntarte una y mil veces si el paso dado era el correcto, si emigrar fue una decisión acertada.

Yo comencé a trabajar en un restaurante de un venezolano. Vendía empanadas, arepas, hamburguesas y las llamadas completas (arroz, frijoles y alguna carne) Podías comerlo allí o pedirla para llevar.

En un principio queríamos quedarnos allí en Ecuador, trabajar y vivir decentemente. Algunas cuestiones empezaron a influir para que cambiáramos nuestros pensamientos. El nivel de vida en Ecuador no era muy alto, el pago por nuestro trabajo no era suficiente para poder decir que teníamos buen nivel de vida. Como tú sabes los cubanos somos emprendedores, luchadores, metemos cabeza donde quiera y somos trabajadores. Por esa razón comenzamos a comprar ropa y viajar a Cuba a venderla. El negocio era muy rentable, vendíamos la ropa hasta 3 veces su valor. Con la recaudación podíamos costear el pasaje siguiente, el costo de la mercancía y quedaban ganancias. Ese modus operandi lo comenzaron a realizar la mayoría de los cubanos que viajaban a Ecuador en esa época, lo que hacía que la competencia aumentara. Hasta Guayaquil fuimos varias veces a comprar mercancías para buscar mejores precios. El negocio funcionó muy bien durante algunos años. Íbamos y veníamos con mucha frecuencia. Posteriormente ya empezó a declinar por la saturación de ropa en el mercado cubano, la gente comenzó a pedir que le dejaran la ropa que la pagaban después, muchos eslabones en la cadena, vendedores, revendedores, y hasta 3ra manos vendiendo la mercancía. Todo eso hizo que se fuera encareciendo todo y por supuesto las ventas bajaban. Había que buscar otra manera u otra vía de hacer negocios, de buscarse la vida.

Allá en el Caimán la gente empezó a buscar otros lugares donde comprar ropa y otras mercancías para vender. Empezaron a viajar a Cancún, Panamá y más recientemente a Rusia.

La verdadera historia comienza cuando decidimos mi hermano y yo continuar hacia los Estados Unidos y dejar atrás Ecuador, para ese momento mi relación con mi pareja ya estaba deteriorada y el decidió quedarse allí en Quito.

Éramos un grupo de 5 cubanos los que decidimos comenzar el largo viaje desde Ecuador hasta Estados Unidos de América. Para esa extensa travesía debíamos cruzar varios países.

Hago un paréntesis en la conversación con D porque es importante ilustrar la travesía que nos contará, para mi resulta impresionante el valor de esta cubanita y sus acompañantes.

La travesía por recorrer era salir de Ecuador hacía Panamá, posteriormente iríamos a Costa Rica, para seguir camino a El Salvador, Nicaragua, Guatemala, México y finalmente llegar a Estados Unidos. Prosigue contando D. A esta ruta le llaman La Travesía del diablo o La Ruta de la Muerte.

- Nuestro objetivo era llegar a Estados Unidos buscando definitivamente nuevas oportunidades, donde con nuestro trabajo podamos vivir sin tener que pasar las penurias que vivíamos en Cuba.

Nuestro contacto en Quito nos explicó que íbamos a viajar por avión hasta Panamá, a un lugar llamado La Miel. Lo menos que tenía en ese momento era miedo, no sabía a qué me estaba enfrentando, que peligros me esperaban. De esa ruta ya nos habían hablado algunos conocidos en Quito, que estaba siendo usada por muchos cubanos para llegar a tierras americanas. Se rumoraba que debido a que EUA y Cuba empezaban a conversar y que había acercamiento entre los dos países se comenzaría a revisar la política de emigración y quedaría sin vigencia algunas leyes relativas a este tema.

Del tramo en Panamá lo más importante es que te cuente el paso por la selva del Darién. Fueron casi 5 días de caminata por medio del monte, la selva. Allí vimos muchas cosas que mejor ni acordarme, expresa mi entrevistada.

Vimos restos de gente muerta. Te piden dinero y te estafan por irte sirviendo de guía dentro de aquella jungla. En las noches se oían gritos de mujeres que estaban violando. Me abrazaba a mi hermano y me moría de miedo. Al 3er día de caminatas íbamos por un sendero cuando siento la presencia muy cerca de mí de otra persona que no conocía. Era un negro flaco, alto, un haitiano que también viajaba rumbo a los Estados Unidos. Los nervios, la tensión de aquellos duros días me hizo dar un grito de terror. Pensaba que aquel joven haitiano me quería agredir o maltratar. Mi hermano que iba unos metros por delante corrió hacia mí. Tratando de calmarme me decía que ese joven no me haría nada. El haitiano también asustado me pedía disculpas. Conversando horas después en un descanso el joven haitiano de nombre Jean nos explicaba que esa era la forma que habían encontrado ellos para salir de la situación económica haitiana. Buscaba una nueva vida, que en su país las cosas estaban muy difíciles, nos explicaba. Oía detenidamente su disertación y me decía: Entonces Cuba tiene una situación muy parecida a Haití, porque los cubanos que aquí están andan buscando una nueva vida también. Parece una broma comparar a Cuba con Haití, pero es una verdad gigantesca. Durante las caminatas que se hacen durante el día, desde las 6.00 am hasta las 6.00 pm vas viendo cuerpos en proceso de descomposición, otros cuerpos están tapados con unas telas o lonas, pero se siente la peste a podrido y la silueta de las personas muertas. Un horrible espectáculo.

Se habla de que durante el camino se aparecen asaltantes y te roban tus pertenencias y piden dinero. Puede haber sido suerte, pero no pasé por esa experiencia.

Al escuchar el relato no puedes dejar de impresionarte, de valorar hasta qué punto de desesperación puede estar una persona con su situación personal que decide emprender ese peligroso itinerario. En los tiempos actuales la emigración cubana no pasa por lanzarse al mar (aunque no está descartada), esta vía terrestre es más usada. Por eso son llamados los balseros terrestres. Peligros enfrentan por igual. Continúa su ilustrativa charla.

Cuando sales de la selva llegas a un pueblo donde hay un puesto médico y atienden a los emigrantes, te venden comida y hay una especie de tanques con agua para que te puedas bañar. allí los médicos atienden las lesiones en los pies, problemas de estómago, picaduras de insectos que son las más comunes. De allí sales en unas piraguas hasta otro pueblo, a través del río hasta el refugio de emigración. A partir de ese momento viajas en bus hasta la frontera con Costa Rica. Para mi experiencia lo peor ya había pasado. En territorio de Costa Rica, te presentas antes las autoridades y pides un salvoconducto para seguir. Y por vía aérea vas hasta el Salvador y comienza nuevamente la opción terrestre. De San Salvador viajas por carretera hasta Guatemala, hay que cruzar un rio que es la frontera entre Guatemala y México. Donde tienes 20 días para llegar a la frontera con Estados Unidos. Cada paso que íbamos dando era pagando las tarifas que nos imponían personas dedicadas a este tráfico.

Te estoy contando muy rápido todas estas etapas del periplo para poder ser más explícita en la última parte del viaje. México es el último paso antes de llegar a USA. Después de varios días viajando a través de muchos Estados mexicanos pudimos llegar a Ciudad Juárez. Allí nos esperaba un "coyote" o "pollero", calificativos por los que se conocen a los traficantes. No quiero darte nombres u otra seña que pueda identificarlos. Te puedes imaginar porque lo hago.

- Si, yo me imagino, no te preocupes.

Lo cierto es que tuvimos que pagar nuevamente para poder pasar ilegalmente hacía el territorio americano. Lo hicimos a través de un rio bien empedrado donde me caí varias veces y me lastimé una rodilla. Mi hermano y un amigo me ayudaron a levantarme y llegar hasta el puesto fronterizo donde nos entregamos a las autoridades migratorias americanas. Estuvimos unos días retenidos o, mejor dicho, presos, en establecimientos penitenciarios y después de un proceso al que te someten te otorgan la salida hacia territorio de los Estados Unidos o te pueden deportar nuevamente a Cuba. Ahora que vivo y trabajo en los Estados Unidos de América puedo valorar con más calma lo que hice hace casi 5 años. Fue una travesía de locos, ahora creo que estaba desesperada por cambiar mi situación económica en Cuba. No tener oportunidades es algo que te va frustrando, te desilusiona.

La travesía del diablo 2

Estas historias de cubanos migrando por varios países de Latinoamérica rumbo a Estados Unidos son impactantes, van poniendo la piel de gallina al escucharlas. Cuando recibí los audios donde me iban explicando paso a paso cada detalle de la salida de Cuba, su paso por Panamá, Costa Rica, Nicaragua, Honduras, Colombia, México y finalmente el cruce de esa última frontera con el anhelado Norte fui visualizando todos los peligros sorteados, la tensión vivida por mi interlocutor, sus ansias de cumplir con su objetivo. Joven cubano trabajador del turismo, muy familiar y cariñoso, desde pequeño tiene la cualidad de hacer reír al prójimo con sus ocurrencias y chistes, se burla de todo y de todos. Muy alegre y de carácter jovial y afable. Lo llamaremos por un seudónimo (Alex Yera) pues prefiere proteger su verdadera identidad. Su historia será muy interesante, tuvo contactos con muchos coyotes, taxistas y otras personas involucradas en el mundillo del tráfico de personas por lo que los nombres que sean necesarios mencionar en esta historia no son reales, por evidentes medidas de seguridad.

Alex nos cuenta:

- Yo me fui a través de Panamá, cuando yo decido salir la embajada de ese país en Cuba y todas las sedes diplomáticas estaban cerradas por el problema del virus COVID, no se podía hacer ningún trámite. Mi cuñado ya vivía en Panamá City en ese momento y tenía contactos en esa ciudad. Uno de esos contactos era una abogada, la cual nos cobró 1100 dólares por mi esposa y otros tantos por mí. Todo eso para gestionar la visa para viajar.

No tuvimos que hacer ninguna gestión en Cuba, ella se encargaba de todo desde allá. En aquel entonces para acceder a una visa panameña había que presentar en la sede algunos documentos como propiedades para evidenciar solvencia económica. Esta abogada que te hablo nos pidió fotocopia de pasaporte, de nuestros carnés y una certificación de matrimonio.

Se le enviaron vía correo todas esas solicitudes y nos respondió que en un máximo de 15 días recibiríamos respuesta y efectivamente en el plazo prometido se recibe la notificación de aceptación de la visa con la fecha de presentación en la Embajada en la Habana para que nos otorgaran el visado y plasmarlo en el pasaporte. Una vez que ya teníamos la visa aprobada tocaba entonces la búsqueda de un boleto aéreo. Estaban muy difíciles y caros. No había tráfico entre los países por culpa de la pandemia. Los precios de los vuelos rondaban los 1000 dólares. La visa nos fue otorgada en Abril y pudimos adquirir el pasaje para el 28 de diciembre y pagamos 550 usd por cada uno de nosotros. Te voy dando detalles de precios y el pago de gestiones porque quiero que se pueda ver cuánto dinero se gasta en todas estas cosas de salir de Cuba. Esta fue la vía que yo encontré y la cual asumí. Tuve la suerte que un primo mío que vive en USA me costeó todo esto, desde la visa hasta los pasajes y todo lo que te voy a contar.

Llegó el día anhelado y nos montamos en aquel avión con los nervios y a preocupación lógicos de alguien que va saliendo de su país, miedos que son imposibles de evitar. Tuvimos un vuelo normal, sin contratiempos y llegamos a Panamá. Ciudad preciosa, bella, muy parecida a los Estados Unidos, la zona del Downtown es muy moderna, con rascacielos, grandes edificios, comercios, todo muy lindo. Estuvimos allí alrededor de 15 días. Tuve la suerte de comenzar a trabajar al 2do día. En una cocina mexicana. Mi esposa Nayi de mesera y yo de cocinero. Ya trabajando los días se iban bien rápido.

Mi cuñado alrededor del 10mo día tiene una conversación con un amigo que radica en México y le dice ¨Tengo a mi hermana y su esposo aquí y queremos subir rumbo norte ¨

El amigo responde ¨Mi jefe es mexicano y viaja mucho por todos los estados de México, voy a hablarle para ver si cuando lleguen a México quiere llevarlos hasta la frontera, lo que se conoce como SUBIRTE ¨

El jefe pidió MIL USD por cada uno por llevarnos hasta la frontera de México con Estados Unidos, lo cual vimos barato porque estaban cobrando hasta 4 mil dólares por persona. Este precio solo era por todo el paso por territorio mexicano. Desde Panamá hasta allí era nuestro problema, teníamos que lograr llegar a territorio azteca por nuestra cuenta.

Mi primo me iba a costear los trámites de legalización en Panamá, pero al llegar la oportunidad de seguir rumbo a USA, yo no iba a gastar el dinero en legalizaciones, así que lo llamé y le dije que empezaba la travesía para llegar al ¨ norte¨. Toda la familia que tengo en Miami estaba avisada. Comenzaron los preparativos para emprender el camino.

Mi cuñado (que fue clave en todo esto por su experiencia y relaciones) contactó con un coyote que nos estaría esperando en Guatemala que nos iba a estar monitoreando o ¨ siguiendo la pista¨. Teníamos que llamarlo en cada escala del viaje. Era atento con nosotros, estaba cuidando también sus intereses puesto que cobraba por aquello. Ya teníamos un guía para Guatemala y otro para México.

La travesía comenzó el 7 de enero, día de santo de Nayi, mi esposa, salimos de madrugada desde Albrook Mall. Este es el Mall más grande de Panamá y donde hay una estación de ómnibus. Allí sacamos pasaje para Chiriquí, ciudad que hace frontera con Costa Rica. Salimos en el último viaje, eran pasadas las 10.00 pm. Llegamos a la ciudad fronteriza cerca de las 5.00 am. En esa frontera hay unas carpas que son cafeterías y un supermercado. Los allí presentes te iban guiando al reconocer que éramos cubanos. Nos saludaban efusivamente y nos indicaban el camino para cruzar la frontera hacia Costa Rica. En el otro lado nos estaba esperando un taxista que ya teníamos coordinado, por 50 dólares nos llevaba hasta la estación de ómnibus más cercana. No había compromiso de llevarnos a un hotel o algún lugar seguro.

El taxista nos dice que la estación de ómnibus más cercana desde aquel lugar era muy frecuentada durante la madrugada por los efectivos de Migración, sabedores que en horarios tempranos llegaban ciudadanos cubanos y nos iba a dejar en una estación más alejada, es decir la próxima parada del bus. Te especifico que hacíamos el viaje mi cuñado, su esposa, su pequeño hijo de 1 año y medio, mi esposa y un servidor. Al llegar al destino nos percatamos que no estábamos en una estación de bus, era un callejón donde debía recogernos el bus (guagua para los cubanos). Allí quedamos varados, sin saber que hacer.

En esa calle donde también se veían viviendas, había varios coyotes esperando a sus clientes para abordarlos en los ómnibus. Nos acercamos a uno de ellos y le explicamos la situación que presentábamos y accedió a llevarnos por un costo de 50 pesos (usd) por cada uno y nos montó en aquella guagua directamente hacia la ciudad de San José, Costa Rica. Pagamos y abordamos. Nos esperaban 5 horas de viajes por carreteras muy empinadas debido a las lomas de aquella geografía.

Alex hace un paréntesis en su exposición y aprovecha para contarnos una de sus diabluras. Resulta ser que durante su travesía alguien le pregunta si su madre, que había quedado en Cuba sabía de su decisión de hacer dicha travesía y aquí salió su vena humorística cuando contestó.

- No mijo, tú sabes que ella es diabética, si se entera de esto se pone a cagar raspaduras.

Después de reír por semejante broma continúa su historia

- Al llegar a la capital de Costa Rica nos estaba esperando otro taxista (otro coyote). Mi cuñado había coordinado desde Panamá este tramo del camino, el taxista cobró por 75 dólares por el traslado con hotel incluido. Llegamos al hotelucho y nos pusieron en un cuarto junto a otro cubano que también iba haciendo el trayecto. Comprometiéndose a regresar a buscarnos a las 3.00 am de la madrugada. Esos 75 pesos eran solo por alojarse, la comida iba por nosotros. Se desglosaban esos 75 en 50 dólares para el taxista y 25 por el alojamiento. Te juro que aquel hotel no debía costar ni 5 usd, pero nos cobraron 25, ya sabes se aprovechan de que eres emigrante y de tus necesidades. Aquel taxista llegó a la hora acordada y nos llevaba para la frontera con Nicaragua. Salimos en dos taxis, en uno viajamos nosotros y en el otro que lo manejaba una mujer iban otros cubanos inmersos en aquella ruta. Todo este periplo que te narro hasta ahora lo estábamos pasando sin problemas, pagando y avanzando. No éramos acosados por la policía, al menos en Costa Rica.

El taxi nos dejó en la frontera, donde el paso hacia Nicaragua es por un naranjal, un trillo ancho donde encuentras un muro, lo brincas y llegas a la frontera nica. Al llegar a las oficinas migratorias nicaragüenses pagas 150 dólares americanos por cada persona y te entregan oficialmente un salvoconducto para transitar por todo territorio nicaragüense. Teníamos coordinado para esta etapa que una señora dueña de un Hostal nos iba a recoger en la frontera, nos llevaba a su propiedad y allí nos recogería otro coyote. La Sra no llegó nunca a recogernos, era mediodía, no habíamos almorzado, el niño tampoco había comido alimentos y mi cuñado alquiló otro taxi que por 120 dólares nos llevó hasta la ciudad de Nicaragua. 5 horas de viaje. Al llegar nos hospedamos en un hotel y comenzamos a localizar al contacto.

Aquel coyote le conocía por Lucho, creo que era cubano y nos dijo que al día siguiente en la tarde nos recogía y nos llevaron a una casa donde había más de 100 cubanos, no exagero. Aproximadamente 3 horas después llegó una flotilla de 15 – 20 taxis donde nos montaron a todos y nos llevaban para la frontera con Honduras. Íbamos en caravana, al estilo de Rápidos y Furiosos, todos iban a gran velocidad. Tenían un grupo de WhatsApp donde se iban comunicando los choferes para ir todos juntos y que nadie se rezagara. Parecía un filme de narcotraficantes

La frontera con Honduras supuestamente y según lo que nos habían dicho era cruzar un monte por espacio de 20 minutos. El recorrido hacia ese punto fronterizo lo hicimos en 6 horas, desde 6.00 pm hasta exactamente de las 12.30 de la medianoche. Este tramo no te haré el cuento largo. Entramos al ya mencionado monte a las 12.30 de la noche y salimos 5.45 am. Caminando más de 5 horas. Subiendo y bajando lomas. Iban niños, ancianos, mujeres por aquel tupido bosque.

El camino era fangoso, nos atacaba el hambre, la sed, los niños llorando, sin poder parar porque si paras y te pierdes corres mucho riesgo, nadie se detenía.

Al salir de aquella ¨selva¨ llegamos a una casucha donde nos tiramos en el piso a descansar y esperamos un camión de madera que nos venía a buscar. Nos montamos 42 personas como sardinas en lata, muy apretujados. Destino Ciudad de Honduras (Tegucigalpa). Nos esperaban otras 5 horas de viaje.

Nos bajaron en una terminal de ómnibus cerca de las 5.00 de la mañana, pero aquello parecía un negocio particular pues el camión nos dejó a varios metros (100) y nos indicó que corriéramos hacia la estación. Si en ese trayecto te detiene la policía todo acababa. En una oficina con puerta a la calle nos hicieron entrar a todos.

La persona que nos atendió nos trasmitió tranquilidad y confianza y nos informa que no pasaría nada en el trayecto. Que el costo para desplazarse hasta la próxima frontera con Guatemala era de 40 usd. Allí en Guatemala ya nos estaba esperando el coyote que estaba coordinado desde Panamá. Compramos el boleto, el bus salía cerca de las 5.00 pm y nos tiramos a esperar la salida. Te cuento que no nos habíamos bañado después de haber salido del monte.

En la próxima etapa que te contaré (Honduras – Guatemala) nos pararon 5 veces y todas las veces era para pedir dinero so pena de entregarnos a Migración. Nos pedían pasaporte y bajaban a todos los cubanos que iban en el bus.

El 1er retén cuando nos detuvo solicitó 50 dólares por cada uno, que dimos por el miedo de que nos fueran a entregar a las autoridades y todo el esfuerzo se fuera a bolina. Ya en el 2do retén donde detuvieron el bus los gendarmes policiales también pidieron dinero y le dijimos que no podíamos entregarle 50 dólares que le daríamos 30 por cada uno. Pagamos y continuamos viaje

Ya en el 3er retén solo nos bajamos mi cuñado y yo, y le dimos al ¨guardia¨ solo 20 ¨pesos ¨ por los dos, las mujeres se habían quedado encima del bus. La 4ta vez que nos detienen no iba a ser menos, ya el militar iba a recoger dinero cuando se acerca un auto de frente y el hombre se asusta y nos entrega los pasaportes, los cuales casi le arrebatamos de la mano y subimos casi corriendo al autobús. No pagamos. Te confieso que íbamos perdiendo el miedo y la timidez de los primeros compases de esta parte del viaje.

Ya cuando llegamos al 5to retén estábamos a unos metros de la frontera que marcaba nuestra meta, como en ocasiones anteriores detienen el bus y el chofer le dijo al policía.

- Oiga, esta es la 5ta vez que paran y le piden dinero a esta ¨gente¨, ya ellos no tienen dinero y no pueden pagar.

Comenzó una pequeña discusión entre ellos y el chofer cerró la puerta y puso en marcha la guagua. Al parecer por la cercanía del punto fronterizo y por saber que estaban haciendo acciones ilegales dejaron continuar y llegamos finalmente a la frontera con Guatemala. Caminamos alrededor de 20 minutos por un caserío donde nos esperaba un coyote (Osvaldo) el cual sin ningún problema nos montó en una camioneta grande y nos sacó de aquel lugar.

Como mis lectores ya saben, este testimonio lo estamos recogiendo a través de audios enviados por Alex a través de WhatsApp y llegado este punto de su relato demoramos un par de días en volver a recibir sus impresionantes cuentos, los cuales fueron reales y vividos en 1ra persona, pudieran ser fuente para un filme de Hollywood, de hecho, está siendo de extrema importancia en mis Historias......

Nuestro ponente ya está insertándose en la vida miamense y por tanto tiene que hacer un ¨ hueco¨ en su escaso tiempo para poder explicarnos cada paso que dió en su singular odisea.

Luego de la ansiada espera nos llegaron nuevos audios y podemos continuar compartiendo su particular historia.

- Cuando llegamos a esa frontera, era una calle o avenida muy estrecha y con mucha oscuridad y al fondo se veía una luz que era como el punto exacto que marcaba la frontera, antes de llegar a esa luz parecía que estábamos en un punto de concentración o a la salida de una escuela donde muchos padres (coyotes o sus representantes) estaban esperando a sus hijos (personas para cruzar ese punto)

Por supuesto que había muchos cubanos allí y cada grupo tenía su guía. Nuestra guagua llegó y empezamos a preguntar por una persona en específico, el hermano de Osvaldo, que lo estaba representando en aquella recogida. Una vez que lo localizamos y nos identificamos, este hombre reunió a todos sus ¨clientes¨ y nos indicó que lo siguiéramos hasta unos taxis donde nos montamos y viajamos solamente unos 4 minutos, bajamos del automóvil y nos indicaron que siguiéramos a otro guía, el cual nos llevó por un monte pequeño, calculo que caminamos unos 15 minutos entre un caserío pobre y al salir de la manigua ya habíamos cruzado la frontera, estábamos en territorio de Guatemala.

Allí si nos encontramos con Osvaldo (guatemalteco) que nos esperaba en unos carros y avanzamos hacia un pueblo cercano. Durante el viaje nos paró una patrulla y el chofer detiene la marcha, baja la ventanilla y le expresa al patrullero.

- Estas son las hormigas de Osvaldo.

Por supuesto que era una contraseña de una operación planeada y llevada a cabo por expertos en esa materia. La orden de continuar la escuchamos con alivio y nos percatamos que todo estaba bien coordinado.

Otra patrulla nos detuvo algunos km más adelante, en ese momento el chofer si sacó algún dinero y le entregó diciendo la misma clave.

-Estas son las hormigas de Osvaldo.

Llegamos a un Motel de mala muerte. Allí pasaríamos la noche. Al día siguiente en la mañana desayunamos con algo que nos trajo y al filo de las 3.00 pm nos avisan que estuviéramos listos que saldríamos para la ciudad de Guatemala en autos. Nos montamos en 4 o 5 carros y en caravana salimos en este nuevo tramo. Nuevamente fuimos interceptados por dos patrullas y los choferes no tuvieron que dar explicaciones. Solo bajaban sus cristales y pagaban a los agentes y nos dejaban continuar. Viajábamos a altas velocidades.

Llegamos a la ciudad, nos llevaron como a una especie de casa de alquiler o motel. Nos asignaron un cuarto y nos dispusimos a descansar hasta el día siguiente. Donde nuestro coyote pasó cobrando 30- 40 dólares (no recuerdo bien) para sacar el pasaje de las guaguas para viajar hasta la frontera con México, la ciudad que hace frontera desde el lado guatemalteco no recuerdo su nombre, pero en el lado mexicano es Tapachula. Nos indicaron que en la terminal de ómnibus nos estaría esperando un hombre y nos dieron sus características físicas, con la orientación de presentarnos como el grupo de Osvaldo, siendo en total casi 20 personas

Encontramos al hombre y nos montamos en un bus que salía en 30 minutos de aquella terminal. En esa corta espera recibimos llamada de Osvaldo y nos indica que una vez que nos pongamos en movimiento debíamos enviarle la ubicación en tiempo real para monitorear el viaje. A las 4 horas de viaje llegamos al pueblo que hace frontera con Tapachula.

Para hacer más ilustrativa la descripción de Alex quiero abundar con la frontera entre Guatemala y México, precisamente por el punto colindante con la ciudad de Tapachula. Este lugar es conocido como Tecún Umán nombre de quien fuera un gran guerrero y último mandatario de los k'iche' en Guatemala.

La historia sobre la batalla del príncipe quiché contra la invasión española sufrió de una mitificación, la leyenda sobre el héroe quiché cuenta que éste luego de resistir ferozmente a las tropas del conquistador español Alvarado en Xelajú (actual Quetzaltenango) se encontró cara a cara en batalla con el mismísimo Pedro de Alvarado. Tecún Umán clavó su lanza en el pecho del caballo de Alvarado. El jinete, después de levantarse mató con su espada de acero al cacique clavándosela en el corazón. La leyenda cuenta que un quetzal se posó en su sangre y de allí viene el rojo en el pecho del ave. El "mito" creció durante 400 años de colonización y fue acogido como símbolo de libertad durante la conspiración para la independencia.

Continuemos con la exposición de Alex, testigo de toda esta epopeya migratoria

- Nos montaron en unos triciclos, como los bicitaxis de La Habana, nos introdujeron en un caserío que daba miedo. El barrio más pobre de Cuba era lujoso si lo comparas con aquel lugar. Niños descalzos, todas las personas descalzas, se veían bien pobres y abandonadas.

Nos llevaron a una casa de mampostería, sin condiciones, una cerca de madera. Dentro había un grupo de 6 cubanos y un hombre que supuestamente estaba allí para protegernos acostado en una hamaca y armado con una pistola que se le veía notablemente. Fumaba mariguana.

Todos los supuestos protectores andaban armados, según sus propias palabras era para nuestra seguridad y defendernos de cualquier problema. Supuestamente nuestra estancia sería de 4 horas aproximadamente. Alrededor de las 9.00 pm saldríamos en dirección a Tapachula. Llegaron las 12 de la noche y sentimos unos disparos a lo lejos y llegó unos de nuestros custodios avisando que los tiros eran la señal que podíamos avanzar hacia nuestro objetivo. Comenzamos a caminar detrás de aquel hombre por caminos y trillos sucios, una especie de basurero que había sido quemado, con ese olor característico de los vertederos y a través de un monte llegamos a un río. En aquella orilla encontramos una balsa rústica fabricada con tanques plásticos y tablas donde se subieron 27 personas bien apretadas. El hombre se tiró al agua (hasta el pecho) y arriba de la balsa un adolescente de 15 años aproximadamente con un palo daba dirección a nuestra primitiva navegación hasta el otro lado del rio donde ya nos esperaba un mexicano. Del otro lado del río había también un caserío similar donde había emigrantes de varios países, fundamentalmente haitianos. Llegamos y nos alojaron en una casa de mampostería abandonada donde había muchas personas. Los encargados de nuestra supuesta custodia iban armados, pero decían que era por nuestra propia seguridad. No puedo mentir y hay que reconocer que en el grupo de cubanos que coincidimos allí en Tapachula había mucho temor por nuestras vidas, la presencia de armas de fuego lo explica todo. Permanecimos 7 horas, y fuimos trasladados hasta la Tapachula (Ciudad), es decir hasta la civilización. Nos esperaba el mexicano que nos prometió llevarnos hasta la frontera con USA por mil dólares. Eran las 5.00 hrs de la madrugada, nos hospedamos en un hotel barato de aquel pueblo y cuando amaneció le hicimos una llamada telefónica al mencionado nuevo e improvisado coyote, nos llevamos tremenda sorpresa cuando nos informó que no podía hacernos el recorrido porque la frontera tenía un alto dispositivo de seguridad y custodia, que los coyotes más fuertes en el negocio del traslado no iban a permitir su incursión en esta aventura. Que no le iban a dar acceso. Conclusión. El tipo se rajó y se echó pa´ atrás como decimos en Cuba. Este nuevo inconveniente nos alarmó mucho porque teníamos el dinero casi justo para continuar por esa vía, comenzar o improvisar nuevos caminos no estaba en los planes. Mi cuñado le recriminó al hombre por faltar a la palabra que nos dio y este comenzó a ofrecer disculpas que no solucionaban nuestra situación. Estábamos literalmente varados en Tapachula sin saber para donde ir ni que podíamos hacer para continuar nuestro peregrinar hacia tierras de Libertad.

Mi cuñado (siempre él) tenía un contacto en esa ciudad que ya había salido hacia el norte mexicano, pero sabíamos la dirección donde se hospedaba y hacía allí nos dirigimos. Nos recibió una Sra que era la dueña de aquella casa y nos ofrece hospedaje por 25 usd la noche por el grupo.

Allí pernoctamos 1 semana y a pesar de que llevábamos algo de dinero no podíamos darnos el lujo de malgastar, pero tantos días de permanencia en aquella morada nos hizo comprar avituallamientos para poder cocinar, así días tras otros hasta completar los 7 días que ya te conté.

Teníamos la misión de buscar quien nos llevaba por todo México hasta nuestro destino. Tapachula es un lugar de mucho tráfico de emigrantes rumbo al norte. Es un paso muy utilizado de Colombia a México y por tanto muy vigilado por las fuerzas migratorias, presencia constante de retenes, dispositivos policiales, un despliegue grande de fuerzas militares.

Comenzaba la búsqueda de soluciones para lograr quien nos cruzaba y el precio que nos pondrían. Llamé una vez más a mis primos y me enviaron dinero entre todos para ir sorteando los días y no gastar lo que llevábamos. Pudimos saber de una mujer que nos cobraba 3000 pesos por cada uno y el niño a mitad de precio. El camino era Tapachula – Monterrey para entregarnos por la frontera de Piedras Negras. El monto total era de aproximadamente 15000.00 usd para lo cual nos comunicamos con un familiar de mi cuñado y esposa y pedimos el préstamo con la condición de pagarlo a la llegada a USA, trabajando con esa finalidad. Todo ya coordinado dimos el SI a aquella mujer para ponernos en sus manos. Nos prometió que en 1 hora tendríamos un vehículo para recogernos, pasadas más de 3 horas de espera e incertidumbre le hablamos y se suspende el viaje para el día siguiente pues las condiciones eran adversas por los dispositivos militares y de migración. Llegó el momento de irnos de allí y nos montaron en un taxi furgoneta donde iba el chofer y detrás sentados un hombre y una mujer que eran los supuestos guías. Viajábamos nosotros 5 solamente porque ya estábamos separados del grupo grande de cubanos que cruzamos juntos hasta México. Nos llevaron hasta una terminal de ómnibus donde unos bus esperaban por sus pasajeros, pero mi cuñado se fija en el nombre que tenía como destino aquel bus y buscamos en Google y correspondía a una ciudad de Guatemala, comenzamos a desaprobar aquello por no querer ir nuevamente en sentido contrario. El chofer del taxi nos confirma que ese lugar de destino está en Guatemala, le explicamos que nosotros íbamos rumbo norte como vamos a ir al sur nuevamente. Nos intentó explicar que ese era su recorrido o itinerario y era distinto, donde iba nuevamente a Guatemala para cruzar a Tapachula e ir por otra ruta.

Nuestra inconformidad era total en ese punto por el riesgo de volver a Guatemala y ser capturados por Migración. Llamamos a la mujer que coordinó todo y le expusimos nuestra discrepancia por su informalidad. Ella solo alegó que no tenía otra forma de hacer la operación. Se rompió el contrato en ese momento y volvíamos a estar a la deriva. Una prima de mi cuñado (que vive en USA) conocía a una persona que podía hacernos llegar a nuestro destino, por lo cual cobra una comisión también por su trabajo de intermediario. Un cubano residente en Miami, con buenas relaciones y contactos entre los coyotes en México, cuyo nombre no es necesario revelar. El nuevo precio era $ 3500.00 por cada uno ($ 500 más de lo acordado con la mujer), ese dinero también fue enviado por los familiares allá.

Convenimos que aproximadamente 2 días nos vendrían a buscar. Llegado el momento nos llevaron a una casa depósito con 40 personas en su interior. Permanecimos alrededor de 2 horas y de madrugada nos montamos en unas camionetas Ford, la cama de la camioneta era tapiada, excepto el techo todo lo demás estaba tapiado. Sentados en el piso, bien apretados, viajábamos más de 20 personas en cada transporte por terraplenes, acantilados, montes, lugares alejados de las carreteras, por donde no pasaban las patrullas fronterizas o los policías, por espacio de 4 horas. Nos trasbordan a unos microbuses y llegamos a otra casa donde estuvimos hasta que amaneciera. Estaban unos taxis esperando fuera de la vivienda.

Te señalo algo importante a saber. De cada lugar no salías si no pagaban tus familiares, al llegar a cada uno de los lugares que te ido contando debías hacer una llamada a tu familia para proceder con el pago. Podías encontrarte por el camino con personas que llevaban en determinado punto 4 días o 1 semana varados porque no les permiten seguir sin pagar antes. Puedo decirte que vimos unos hindúes que llevaban 1 mes en el depósito porque la familia no pagaba su traslado.

Nos llevaron para una ciudad que se llama Ocozocoautla, para una casa en una loma donde estuvimos por espacio de 1 semana. No nos movían de allí porque supuestamente Migración estaba muy agresiva, había operativos en los alrededores, etc. Todo eso es mentira, el verdadero motivo es que acumulan allí a los emigrantes hasta tener un grupo bien grande para continuar viaje y por supuesto cobrar por todas las personas (50) que mueven de un solo viaje.

Hago otra pausa en esta historia para abundar en este punto de la geografía mexicana donde nuestro protagonista estaba haciendo escala en su peligroso viaje.

Ocozocoautla significa Bosque del Ocozote. La ciudad **Ocozocoautla de Espinosa** es la novena ciudad por habitantes del estado de Chiapas, cabecera municipal de uno de los 124 municipios.

El paisaje es una llanura bordeada por distintos cerros, desde toda la ciudad el cerro más visible es el Cerro Meyapac que sobresale a 279 metros del centro de la ciudad y tiene una altura total de 1,100 m.s.n.m.

Diversos ríos atraviesan la ciudad, siendo el más conocido el ubicado dentro del Parque Ecológico de Ocozocoautla.

Suele ser golpeada constantemente por sismos ya que se encuentra cerca a los límites de la Placa norteamericana, la Placa de Cocos y la Placa del Caribe, además de tener una falla de 45 km de largo que en su punto más cercano a la ciudad se ubica a cerca de 11 km. Presuntamente el epicentro del terremoto de magnitud 7.1 ocurrido la noche del 20 de octubre de 1995. Su origen esta desde antes de la conquista española, existieron en la región una serie de sitios que tenían un uso de rituales donde hay evidencia arqueológica desde el periodo Preclásico inferior hasta el Postclásico en cuevas donde los <u>Zoques</u> realizaban sus rituales bajo su cosmovisión, los asentamientos más importantes que era de uso temporal para rituales fueron:

- **Cerro Ombligo**
- **El Higo**
- **San Isidro**

De acuerdo con las breves referencias que dejaron Bernal Díaz del Castillo y el escribano Diego de Godoy, que fueron los primeros conquistadores que atravesaron la región en 1523, así como de los datos asentados en la relación con Ocozocoautla, se desprende que los zoques no formaron una identidad política unificada, sino estuvieron divididos en pequeños cacicazgos, de los cuales unos tributarios a los mexicas establecidos en Zimatán (Tabasco), otros a los chiapanecos con su capital en lo que hoy es Chiapa de Corzo y algunos eran más independientes.[7]

La conquista de la región del Valle de Xiquipilas fue por parte de los españoles que se establecieron en los pueblos de Cintalapa, Jiquipilas, Ocozocoautla y Tuxtla. En este valle se fundaron las primeras haciendas como Soyatengo, Macuilapa, Santa Catarina, San Antonio de Padua (La Valdiviana), El Gavilán. Ocuilapa y Santa María Petapa cuyos dueños eran las familias españolas

Pero continuamos con nuestra historia

- Nos montaron en un camión bien grande y viajamos 2 horas hacia una casa de dos pisos. Con una puerta de vidrio que se veía para la calle y todo el quehacer citadino de aquel lugar.

En aquel lugar había nada más y nada menos que 109 personas. A nuestra llegada ya había mucha gente, por 5 días estuvimos allí tirados en el piso, por los rincones, por donde podíamos acomodarnos en colchonetas.

Allí conocí a una pareja de cubanos que viajaban con sus niños que habían cruzado la selva del Darién y nos contaban las atrocidades que tuvieron que vivir. Narraba aquella muchacha que vió personas muertas en su camino, infladas, madres perdidas con sus hijos en medio de aquella selva. Durante su travesía, nos narraba, que montaban en unos botes rápidos y los coyotes le advertían que iban a navegar por 2 horas, aquel que se cayera del bote se quedaba, fuera niño, mujer u hombre, sin distinción ninguna. Dormía en las orillas de ríos, encima de piedras. No se podían bañar en ocasiones hasta en 5 días. Sin agua, por lo que pagaban una botella del preciado líquido a 20.00 dólares. El viaje por aquella selva era muy peligroso y difícil. Mucha lluvia y humedad en aquella jungla. La mujer estaba llena de golpes y arañazos. Los niños con mucho catarro y gripe de todas esas extremas condiciones por las que atravesaron para llegar hasta este punto.

Sigo con mi narración. Cinco días estuvimos en aquella casa, los 109 personas al cabo de ese tiempo comenzaron a protestar por el hacinamiento que allí había. Repito la cifra: 109 personas en una casa. Tirados en el piso, sin condiciones ningunas de habitabilidad. El total de los allí reunidos éramos distintos grupos y cada cual tenía su propio coyote, pero ellos trabajan en conjunto y tienen sus rutas bien coordinadas, por eso reúnen la mayor cantidad posible de personas como te dije anteriormente

Al igual que el resto de los grupos, el nuestro comenzó a presionar al coyote para terminar con aquella angustiosa estancia. Muchos andábamos con niños, otros con personas enfermas o ya mayores y la espera comenzaba a desesperar.

Finalmente nos informó que saldríamos de aquella casa y una tarde llegaron unas camionetas y nos montamos en ellas (Aproximadamente 20 personas). Estas camionetas estaban sin techo, con el sol abrasante del día viajamos durante dos horas. Llegamos a un motel y nos colocaron 4 hombres y 7 mujeres en una habitación. Ese tipo de cuartos están diseñados para parejas amorosas, la puerta del baño era de cristal donde podías apreciar a la persona que se encontraba dentro, no había ninguna intimidad al ser 11 ¨ cristianos ¨ en aquel aposento. Por esa razón el baño se hacía por géneros. En el turno femenino los hombres íbamos al parqueo para no estar dentro de la habitación y viceversa.

Te confieso que esa noche al estar dentro de aquel habitáculo con aire acondicionado y cama pasamos muy bien la noche, teniendo como referencia el hacinamiento anterior. La comida también fue muy bien recibida. Comimos unas hamburguesas que sabían a gloria. Todo el periplo por tierras mexicanas habíamos comido con mucho picante y platos típicos de cada lugar, lo cual para nosotros no es nada agradable.

La felicidad dura poco en casa del pobre, solo estuvimos una noche y salimos nuevamente a nuestras andanzas al día siguiente. Nos montaron en unos taxis y nos llevaron a una calle ancha de dos vías. Paraban unos bus y nos llevaron por aquella carretera ancha hasta una terminal donde abordamos otros taxis para llegar finalmente a una finca donde separaban a los cubanos de los hindúes, los cuales eran aproximadamente 80 naturales de la India, los mismos llevaban 15 días en aquel lugar.

Allí no sentías ruidos de civilización cercana, el cantar de las aves era el sonido más escuchado. Había mucho frío por ser mes de febrero. Estuvimos en ese campo hasta las 10.00 pm y anunciaron que se iban 80 personas y la salida sería por el orden que habían llegado. Puedes imaginar que se formó un tremendo lío, discusiones por estar dentro del grupo que salía o que proseguía su viaje.

Comenzamos a caminar por un llano donde debíamos tener cuidado por haber huecos en el camino y marchar en silencio por medidas de seguridad, la caminata duró 40 minutos.

Salimos a una autopista por donde pasaban muy veloces los camiones y transporte de gran porte. Había que bajar una loma para acercarse a la carretera y empezamos a bajar para cruzar poco a poco aquella rápida vía y debíamos meternos dentro de unos tubos grandes que había del otro lado. Hacíamos esos movimientos en pequeños grupos de 5 personas previa vigilancia que no se acercara ningún vehículo para evitar accidente.

Dentro de los tubos esperamos el transporte para proseguir. Era una rastra que al parecer cargaba áridos porque tenía un furgón grande, pero sin techo, para subir usamos una escalera enorme. Dentro de aquel furgón metieron 84 personas. Sentados en el piso con las piernas semiabiertas y cada persona viaja dentro de las piernas de la persona que tiene detrás. Al estilo de como tratan a las bandas salvadoreñas que meten en prisión. Nuestro viaje casi 7 horas hasta llegar a la ciudad de Puebla. El frío allí era fuerte, con una sensación térmica de 6 grados centígrados. Producto del estrés, hambre, frío y todas esas condiciones adversas vividas sufrí un desmayo antes de bajar del camión. Con la ayuda de una manta, oler un poco de alcohol, un par de bofetones de mi cuñado y sobre todo esperar pacientemente a recuperarme fue que pude dar en sí y bajar de aquel monstruo rodante.

La casa que nos tocó al llegar era muy grande donde pasamos una noche y al día siguiente nos sacaron rumbo a Ciudad México, conocida como DF.

Esa noche en Puebla compramos unos abrigos, gorros, guantes para paliar el frío. Ese tramo de Puebla a DF fue bien rápido, sin sobresaltos. No fuimos interceptados por la policía ni tuvimos inconvenientes ningunos, los cuales ya eran frecuentes en nuestro peregrinar por tierras aztecas.

El hospedaje en Ciudad México (CMx) fue en un hotelito lleno de cubanos, dedicado a albergar a los cubanos que andan de tránsito. Nos asignaron una habitación donde estábamos las dos parejas y el niño, de la cual no podíamos salir según indicaciones precisas que nos dieron.

El objetivo era salir de CMx vía aérea para Mexicali. Eso es una operación que necesita tiempo y coordinación, nuestro guía ya estaba allí esperando y lo conocimos personalmente. Durante 6 días estuvimos en la ciudad. Nos sacaron el pasaje y nos explica que viajaríamos en una misma línea aérea por ser familia, pero el resto del grupo estaban divididos en otras líneas aéreas y en fechas distintas. Esto te lo explico para ilustrar las medidas de seguridad que toman esta gente. Volamos a Mexicali el 9 de febrero para ser exactos. Ya eran las 9.00 pm cuando salimos.

Antes de continuar con la historia te hago un breve cuento. No podíamos salir del cuarto, pero mi cuñado que es fumador no tenía cigarros y se disfrazó de un chaleco y un casco de constructor y salió a la calle para saciar su ¨vicio¨, a pesar de nuestro esfuerzo no lo pudimos impedir.

Allí pasamos una semana hasta el ya conocido día 9 donde nos trajeron los boletos para nuestro vuelo. Para esa parte de la operación se creaba un grupo de WhatsApp mediante el cual ibas hablando con una mujer que tenía contactos en el aeropuerto y te iban dando informaciones y consejos mediante fotos. Te señalaba cuando podías continuar, cuando debías no entrar en contacto visual con determinados agentes, mostraba fotos de estos, sus uniformes y otros detalles de mucha importancia. Nuestro grupo fue el último en salir de CMx y lo hicimos por Aeroméxico, pero el anterior al nuestro que viajó por otra aerolínea fue interceptado por Migración, por razones que no conozco 4 de los integrantes del grupo pudieron escapar del aeropuerto y salieron en un taxi para hospedarse en un hotel. El taxista los delató a la policía y fueron detenidos en dicho hotel.

Terminaron deportados para Cuba, pero hicieron nuevamente todo el viaje. Hoy ya llegaron a los EUA.

Al enterarnos de que ese grupo fue interceptado entramos en pánico porque si eres atrapado por Migración y te regresan a Tapachula puedes intentar volver a hacer el viaje hasta Mexicali y no tiene costo, pero si te deportan a Cuba pierdes todo el dinero invertido y a empezar de CERO. Le rezábamos a todos los santos del Panteón Yoruba.

Llegamos al aeropuerto y vimos en la puerta de embarque varios efectivos de la Guardia Nacional por lo cual el nerviosismo aumentó considerablemente pues ya en la puerta de embarque no tienes para donde huir, estas atrapado y sin salida. Una oficial nos detectó y se nos acercó y nos preguntó.

Oficial - ¿Quieren viajar?

Respuesta. Si, claro. Por supuesto

Oficial- Pues metan 50 dólares dentro del pasaporte y no pasa nada.

Te confieso que vimos los cielos abiertos, y lo hicimos tal y como nos indicaron. Pudimos pasar y nos pudimos montar en aquel añorado avión. Sentados y sin despegar todavía ya teníamos mucho optimismo en que íbamos a poder cumplir nuestro sueño.

Sabíamos que al llegar a Mexicali debíamos disponer de 100 usd para pagar la entrada a aquella ciudad, es un secreto a voces, es una tarifa ya establecida si quieres continuar ya que cuando te bajas del avión quitan el pasaporte a todos los cubanos y te llevan a una sala de espera. Revisa los pasaportes que ya tienen el dinero dentro, te llama por tu nombre y te brinda la bienvenida a la ciudad.

En Mexicali nos esperaba una persona encargada de trasladarnos y hacernos cruzar la última frontera. Nos movieron a una casa donde pasamos la 1ra noche en Mexicali. Al día siguiente seguimos viaje y debíamos despojarnos de toda la ropa que pudiéramos, solo la imprescindible, la que se iba a usar en este tramo. El resto debíamos botarla. Cerca de las 6.0 pm abordamos una furgoneta y llegamos a un depósito donde nos encontramos con un grupo grande de personas. Esperamos la noche y legaron muchos automóviles. Según nos dijeron nos iban a entregar por el puente de Mexicali que divide la frontera, pero supuestamente había un operativo en el puente y teníamos dos opciones.

Esperar que se acabara el operativo (puede durar hasta 2 días)

✓ Entregarnos por otro punto.

Decidimos no esperar y que nos entregaran por un lugar llamados Las Palmas. Una caravana de autos se detuvo en un sitio con muchas palmas y suelo arenoso donde nos dijeron que corriéramos por todo aquel lugar, nos encontramos a una persona armada que la luna alumbraba y se veía bella aquella pistola la cual nos dijo que no había que correr más que ya estábamos llegando. Esperamos unos 10 minutos al lado de aquel hombre y nos pasó por un río pequeño y muy frío que el agua llegaba a medio cuerpo, brincamos unos railes de línea y llegamos al punto fronterizo de los Estados Unidos cuyos agentes te hacen señas y te entregas definitivamente para hacer todo el proceso.

Habíamos llegado a suelo americano, pero no se acababan los infortunios por el momento, faltan muchas cosas por contarte.

Ya en la frontera de los EUA, forman a todos los llegados en filas. Había en el momento de mi llegada unas 200 personas. Separan a todos por núcleo familiar y por sexo según sea el caso. Para ellos núcleo familiar es madre, padre e hijos menores de 16 años. En mi caso me pusieron en una fila de hombres y me entregaron una bolsa muy parecida a las que se utilizan para la recaudación de dinero. Me recordaba las bolsas de TRASVAL. En ella echas todos los objetos personales de importancia, ¡¡de suma importancia!!, el resto va a la basura. Esa fila se hacía para tomar las huellas dactilares. Al día siguiente llamaron a un grupo de personas y entre ellas estaba yo, me montaron en un ómnibus y me llevaron para Tucson. Recuerda que me había entregado por Mexicali / Yuma y entonces al llegar a Tucson no había capacidad y me trasladan inmediatamente para Nogales, a 4 horas de viaje. Llegamos allí de noche y comenzaron con el trámite migratorio en horas de la madrugada consistente en entrevista con una serie de preguntas sobre tu persona, vínculos y familiares en Cuba, etc, etc, en esa entrevista me permiten hacer una llamada telefónica a mi primo y en ese momento mi pensamiento era que iba a salir muy rápido de allí. Tenía mucho optimismo.

Al amanecer todos los que estaban ya procesados, con su entrevista realizada, nos montaron en un bus y regresamos a Tucson. Nos metieron en una celda para 15 personas de capacidad y éramos en realidad 35 en aquel calabozo. Así, en esas condiciones, pasamos una noche.

Al día siguiente me llaman, me entregan el expediente, mis pertenencias y abordo otro bus y salimos de aquel lugar. En el transcurso del viaje observo a mi izquierda un aeropuerto cercano y me dije: Ya esto saliendo, me van a llevar para ese aeropuerto para que siga camino y reunirme con mi familia.

El bus dobló a la derecha en aquel desierto, se alejaba del aeropuerto y continúa el viaje y veo a lo lejos unas cercas grandes, típico de una prisión, la guagua iba acercándose y al llegar leo un cartel que aquella prisión era para mujeres. Mas adelante dobla nuevamente y llegamos a la Prisión Las Palmas Core Civic. Imagínate como me latía el corazón en aquel momento. Ya estaba muy asustado, lo que se dice en Cuba, estaba ¨cagao¨. También nos habían dicho que antes de darnos la salida hacían pruebas de COVID, exámenes médicos y tenía la esperanza que mi llegada a Core Civic fuera por esos motivos.

De esa prisión ya había oído algunas cosas desde que estaba en Tucson. Se trataba de una prisión para emigrantes, y en el caso de los mexicanos casi siempre terminaban deportados.

La entrada a la cárcel era idéntica a las películas. Abren rejas, piden permiso entre ellos para acceder, abren otra reja y así las cosas hasta que te ves dentro del penal.

Al bajar del ómnibus nos pusieron delante una caja negra y nos orientan despojarnos de todas las pertenencias y las colocan dentro de la caja. Solo con lo que llevas puesto puedas quedarte

Nos metieron en unas celdas y al cabo de un rato pasó un carrito por la puerta de la celda con los uniformes de presos, diciéndonos que nos cambiáramos de ropa que nos quedábamos allí retenidos. Al oír eso el miedo me invadió todo el cuerpo porque no sabía que tiempo iba a estar allí. Ya vestidos como recluso me sacaron y me llevaron para los pabellones. Cada pabellón tiene hasta 50 celdas de 3 metros de largo por dos de ancho sin rejas, es una puerta de hierro con un cristal. Una taza y lavamanos en una sola pieza y una litera para dos personas es todo lo que había allí dentro.

17 días preso estuve en Core Civic. A la 1ra semana dieron 50 fianzas y no estaba yo dentro de ellas. En ese instante se fueron personas que habían entrado junto a mí y eso alimentaba mucho mi tristeza y desolación porque me sentí relegado, abandonado. La falta de información y que no te aporten noticias ni te den razones hace que te sientas muy mal y empiezas a perder la esperanza. No puedes hablar con nadie en cuanto a funcionarios se refiere. Te dan una tarjeta con un código personal para llamadas telefónicas y para identificarte. El régimen de vida era 23 horas dentro de la celda y 1 hora para llamar por teléfono, bañarte etc. No todos teníamos el

mismo horario pues van abriendo los calabozos de manera escalonada para evitar que todos estén juntos afuera. Cada día en mi hora de relax, llamaba a mi esposa y conversaba con ella para informarla de mi situación. Ella estaba cada día más preocupada. También pude llamar a mi primo para decirle donde estaba y que se preocupara por mi desde afuera, pero a él no le daban explicaciones sobre mí, siempre le respondieron que todos los tramites debían ser a través de abogados.

Seguían pasando los días y no veía el momento de irme de allí. Yo entré a esa prisión el 13 de febrero y como a los 15 días mi primo se presenta a una oficina como representante mío y al ser ciudadano americano lo escucharon y entonces le dicen que tenía la autorización de una fianza, él no quería creer aquello y me informó muy contento la noticia. Habían terminado los 17 días más duros de mi viaje

Mis saltos de alegría no puedo describírtelos. Llegó la fianza a la prisión y me soltaron como a un km de allí, en la calle nos dejaron a los 50 elegidos de aquella semana. En un semáforo de Phoenix nos soltaron y a partir de ese momento eres el dueño de tus acciones. Me junté con un hombre mayor que estuvo conmigo en la reclusión, pero él estuvo 60 días y nos dirigimos al aeropuerto pagando 10 dólares por un taxi. Tenía solamente 50 dólares en el bolsillo. Mi teléfono no tenía carga y el de ese hombre no tenía cobertura de Internet, entonces nos complementábamos para avisar a las respectivas familias de nuestra liberación. Avisé a mi familia (primos) y me buscó pasaje para salir de Phoenix, estaban muy difícil los boletos por la ola de emigrantes que estaban llegando.

A duras penas conseguimos un vuelo que hacía escala en Kansas, 5 horas y de ahí vuelo para Miami. Mas de 600 usd de boletos aéreos, pero al fin llegué a Miami y me pude reunir con mi esposa y mis familiares.

Ahora que ya he terminado de contarte mi historia quiero hacerte algunas reflexiones personales.

Los coyotes no te hablan claro nunca, te engañan muy a menudo con los tiempos de estancia en los lugares. Te informan que sales al día siguiente y puedes demorar en determinado punto hasta dos y tres días para proseguir viaje

Una vez que estas enrolado en esta historia estas en manos de ellos, te pueden maltratar, gritarte y no puedes hacer nada porque estas a su disposición, literalmente. No tienen distinción de mujeres o viejos.

Los cubanos que han pasado por la selva de Darién si tuvieron experiencias muy negras, peores que las que te pueda contar yo.

Todos los que hoy están emigrando lo hacen por lograr un sueño y vivir en tierras de Libertad. Salir de Cuba legalmente es muy difícil, por eso hay que correr ese riesgo tan grande.

Es preferible pasar estas dificultades por espacio de días o meses que seguir viviendo toda la vida con las condiciones que tenemos en Cuba.

Aquí en USA o trabajas y echas ¨palante¨ o sigues viviendo allá reprimido, con hambre o robando para poder vivir.

Para llegar necesitas determinación para salir de Cuba y valor y coraje para hacer la travesía. Todo lo que pasé fue duro y a mi madre no pude hacerle el cuento tal y como lo viví. Los días de prisión se le dijo que estaba en un campamento porque una persona que viajaba conmigo había dado positivo a COVID y necesitaban hacernos pruebas para descartar la enfermedad.

Tengo la certeza de haber hecho lo que era necesario hacer. Vivir hoy en Cuba para mí ya era insostenible. Estaba desilusionado de mi vida

Oshun también se va de Cuba

La historia que les narro a continuación es el relato de una cubana de a pie, mulata de una risa bella, de un carácter jovial y sincero. De esas personas que le sonríen a la vida constantemente, también le sonríen al prójimo sin doble rasero. Es una mujer dulce como la miel. Sus cualidades personales la hacen una mujer muy apreciada por quienes la conocen. Si bien su constitución física es obesa su rostro es hermoso y por el azúcar que tiene en su vida bien podría ser la encarnación de Oshun en la tierra. Para más coincidencia este Orisha es el santo de cabecera de Sinaí Paradoa quien nos cuenta en síntesis su vida y su emigración, primero a México y finalmente a los Estados Unidos de América.

-Me cuentas como se gesta en ti la idea de salir de Cuba y emigrar.

- Bueno, déjame ver como empiezo esta historia. Allá por el año 2017 me presentan a una persona que vive en México que tenía los contactos necesarios para llevarme a México por un contrato de trabajo. No es necesario descubrir la identidad de esa persona, pero así comenzó todo. Mi primera intención no era emigrar hacia los Estados Unidos, pues quería trabajar en México. Yo tenía un buen Curriculum como abogada, compradora internacional con mi constancia oficial, profesora adjunta de la Universidad de la Habana, idioma inglés certificado, es decir tenía en mi haber titulaciones que me servirían para obtener buena posición laboral en tierras aztecas. Me lancé a la aventura de irme por un contrato de trabajo que no era tan real, pero me daba la posibilidad de regularizar mi estancia, adquirir una residencia temporal con permiso para laborar y eso me permitía encontrar un empleo verídico de acuerdo con mi perfil profesional para mi manutención y la de mi familia. En diciembre del 2017 comenzaron los trámites, ya en enero me otorgan mi visa de entrada y el 17 de junio llegué a Ciudad México con todas las ilusiones del mundo y muchas ansías de empezar una nueva vida. En Cuba quedaban mi madre y mi hija, yo iba delante buscando la fortuna en el mundo.

- ¿Qué pasa al llegar a México? ¿Encuentras trabajo?

- Llego un domingo 17 de junio del 2018, Día de los Padres. 38 años cumplidos y comienzo la tarea de buscar insertarme en la sociedad mexicana. Me otorgan mi residencia temporal por 1 año y empiezo a aplicar a las distintas páginas web que ofertan empleo, léase CompuTrabajo, LinkedIn, Indeed con el afán de ubicarme laboralmente. Para mi sorpresa comenzaron a llamarme interesados en mi CV, pero las entrevistas fueron frustrantes. Mi edad era un 1er obstáculo, a los 38 años para el mercado laboral mexicano ya no eres apto para los contratadores, te ven obsoleto. A pesar de mi experiencia anterior en Cuba una pregunta en aquella primera entrevista fue: Si tenía alguna experiencia con el mercado americano, por ser el proveedor principal de México en cuanto a importaciones y exportaciones se trata. Ante mi respuesta negativa entonces no pude acceder a aquel empleo. Te abundo un poco en el tema. En Cuba no se trabaja con el mercado estadounidense por razones bien conocidas, no hay un flujo comercial abierto y se triangulan las operaciones de importación a través de Panamá, esa explicación la hice a mi entrevistador, pero no pude calificar para el empleo que estaba buscando. Es fue el preámbulo de una serie de tropiezos, decepciones y desesperos que tuve que enfrentar. Tenía muchas ansías de romper el hielo, venía a comerme al mundo, pero este mundo no se deja tragar tan fácilmente.

Mi primer empleo en México fue vendiendo servicios funerarios en Gayosso. La compañía líder en ese rublo. Mi función principal era tomar la guía telefónica y llamar a cuanto número pudiera y ofertarle los servicios para los cuales me contrataron. En esas llamadas se comenzaba una entrevista con el cliente potencial intentando venderle un producto que nadie quiere escuchar ni hablar del tema; La muerte. Era muy difícil lograr vender aquello y mi frustración aumentaba. A pesar de hablar español hay términos y palabras que no significan lo mismo y en ocasiones no me entendían, no me querían entender o yo no me hacía explicar.

A todo esto, hay que sumar que cuando llegas a un país extranjero con la intención de vivir tienes que buscar renta y establecerte. Yo a pesar de que llevaba algún dinero no me alcanzaba para pagar el alquiler y sustentar ese gasto. El amigo que ya te conté me ofreció vivir en su casa para ayudarme hasta que me pudiera estabilizar y llegaran los ingresos por mi trabajo de ¨ vendedora fúnebre ¨

Yo salía a diario a trabajar, sin miedos a la derrota. Un día en una peluquería pude vender mi primer servicio funerario. Comencé a conversar con las personas allí presentes y aproveché que los mexicanos son curiosos y preguntaban sobre el tema y logré vender y obtener mi primera comisión por las ventas (2000 pesos mexicanos)

Era risible que por todo un mes de trabajo solamente ganar esa cantidad, pero al menos logré quitarme la vista de los jefes, que estaban presionando bastante en relación con las ventas. Además, lo vi como una victoria personal. Una vez que logré aquella venta salí corriendo de aquel empleo.

Para diciembre de aquel año me fui a Cuba a ver a mi hija y a mi madre y regreso en Enero del 2019. A mi llegada empiezo a trabajar en una Empresa Mexicana de Construcción, de importaciones y exportaciones radicada en Tlalnepantla, en el estado de México.

El dueño de esta empresa tenía también la intención de hacer negocios en Cuba y como yo tenía una cartera de clientes y era conocedora del mercado de importaciones cubano pues comenzamos a trabajar juntos. Incluso viajé a Cuba nuevamente en marzo buscando opciones de negocios, pero no fructificaron.

Continuaron llegando ofertas de trabajo, pero me rechazaban por la edad, color de la piel, mi físico, en fin, cualquier excusa era suficiente.

Una persona me explicó las causas de aquellos rechazos laborales. Había llegado vieja, era nueva en el país y mi imagen no vendía, no era comercial, por ser obesa.

Ya corría Mayo del 2019 y logro encontrar trabajo en una empresa que importaba equipos y accesorios de computación. Trabajé allí 3 meses con un salario de 12 mil pesos mexicanos, pero empezaron a decir que con mi salario pagaban dos becarios y de hecho trajeron a un becario al cual tuve que capacitar y luego me despidieron.

Perdí trabajo y la nueva renta que tenía. Me mudé para la casa de una amiga que vivía con su madre, pero tuve muchas dificultades pues tenía en ese momento a mi madre y a mi hija conmigo en México que habían viajado por visa de turismo. No tenía dinero para regresarlas pagando un boleto aéreo.

Decidí viajar para Playa del Carmen y encontrarme con una amiga llamada Cinthia que tenía una renta que le pagaba su esposo desde EUA. Con un dinero prestado logré enviar a mi familia de regreso a Cuba.

- Acá en Playa del Carmen nos encontramos y de cierta manera pudimos ayudarte en lo posible, le puedes contar a los lectores tus experiencias en la Riviera Maya.

- Mira, ante todo tengo que detenerme un segundo y agradecer a Cinthia por su ayuda. Viví en su casa de Playa del Carmen un tiempo. También agradecer a ti y a tu familia el apoyo que me dieron. Gracias a eso pude encontrar trabajo en el Barceló Maya Grand Resort. La Riviera Maya tiene cientos de hoteles donde las posibilidades de empleo aumentan, incluso te puedo decir que los salarios son superiores a los de Ciudad México. En Barceló comencé a trabajar en el Departamento de Recepción, en el área de Guest Service o Atención a clientes. Mi trabajo consistía en atender las necesidades de los huéspedes del hotel, hacerles reservaciones en los distintos servicios, tales como: Restaurantes especializados y SPA. También los reportes que podían hacer sobre sus necesidades en las habitaciones, amenidades, reportes sobre roturas y problemas en el mantenimiento de sus cuartos. Esa posición me encantaba pues desde el punto de vista profesional me sentía realizada, practiqué mucho mi idioma inglés y algo muy importante: Ganaba propinas por el servicio que les ofrecía. En este hotel tenía la ventaja que daban alojamiento a los trabajadores y eso me permitía además de todas las prestaciones del empleo no tener que gastar en renta. Me mudé para dentro del Hotel y comencé a ahorrar (algo imprescindible para un futuro mejor). Estas nuevas condiciones me permitieron traer nuevamente a mi madre y mi amada hija. Tenerlas a mi lado representaba tocar el éxito con las manos. Estaba muy feliz en esos tiempos de trabajo en el hotel. Incluso podía pagar una renta barata a mi familia en un poblado cercano al hotel llamado Puerto Maya. Corrían los primeros meses del 2020

- Si todo iba bien, entonces: ¿Por qué intentas el paso por la frontera para ir a los EUA?

- La historia volvió a torcerse. Llegó la pandemia COVID 19. No es un secreto todo lo que se vivió a partir de marzo del año 2020 con el coronavirus. Se cerraron los establecimientos hoteleros y mi hotel no fue la excepción. Nos quedamos sin trabajo nuevamente. Intenté resistir unos meses para ver si la situación mejoraba, pero cada día iba a peor. Los casos y los contagios aumentaban, las ciudades parecían desiertas o pueblos fantasmas puesto que los pobladores estaban dentro de sus viviendas cumpliendo con el aislamiento que se indicaba para cortar las cadenas de transmisión del virus. Las reservas se iban agotando y no se veía una mejoría. Decidí mudarme nuevamente a México (CMx) con una amiga que me ofreció hospedaje gratuito solo con la intención de ayudarme. Allí fuimos mi madre, mi hija y esta servidora. Todo el tiempo de pandemia allí estuvimos. Me dedicaba a ayudar en los menesteres del hogar para que mi amiga pudiera laborar (ella no perdió su empleo)

Pero ya sabes cómo somos los cubanos, no nos gusta ser carga para otros y ya sentía pena o vergüenza y decidí entonces acercarme a la frontera México – USA para ver cómo podía cruzar.

Hicimos los contactos pertinentes y llegamos al estado de Chihuahua para pasar por Ciudad porque, en lo que se conoce como El Paso.

Nosotras tres éramos parte de un grupo numeroso de cubanos que se aventuraban al cruce. Esta andanza era posible porque la frontera desde la llegada del Presidente Biden al poder (sucesor de Trump en la Presidencia de los EUA) estaban permitiendo el paso de ciudadanos cubanos.

Después de las coordinaciones necesarias nos dispusimos al siempre peligroso cruce. El tramo que tuvimos que pasar era de un pequeño río, muy bajo pero lleno de piedras, rocas, muy irregular. El paso se hizo de noche. Las condiciones no eran las mejores para mí, que por mi peso corporal y mi lentitud de movimientos se me hacía muy difícil avanzar. Caí varias veces al río, me lastimé las rodillas y algunos golpes me llevé de recuerdo.

Una vez del lado ¨ americano¨ nos entregamos a las autoridades norteamericanas con el fin de que nos procesaran y nos permitieran el acceso a territorio USA.

Te cuento que a mi madre le dieron la entrada con todos los beneficios posibles, el llamado Parole, seguro de vida, etc.

A mi hija y a esta servidora nos enviaron de vuelta a México. En esos momentos había un programa llamado ¨ Espera en México¨ consistente en que el emigrante debía esperar en territorio azteca una especie de juicio para probar el miedo creíble. Este término era el usado en los asuntos migratorios para justificar su salida de Cuba rumbo a Estados Unidos y pasar las fronteras para lograr su objetivo.

Me tocó esperar en Ciudad Juárez el juicio. Te confieso que en los primeros instantes el mundo me vino encima, tener que regresar a

México a esperar un supuesto litigio migratorio no era lo que yo esperaba.

No me quedaba otra alternativa que volver a entrar a territorio mexicano. Como la fecha del juicio iba a demorar viajé a CMx nuevamente para casa de la amiga que ya te conté. Allí esperé pacientemente.

El juicio estaba fijado en Ciudad Juárez por lo que cuando se fue acercando la fecha viajamos hacía allí. Habíamos recibido un correo electrónico citándonos para el acto legal donde se decidiría mi futuro.

Después de muchos avatares que te he contado de un plumazo fuimos aprobadas para ingresar a los Estados Unidos de América. Aquí ya las cosas han ido cambiando. La felicidad ha tocado en mi puerta y se me han abierto nuevas oportunidades que sabré aprovechar por el futuro mío y principalmente de mi hija.

- Quiero hacerte algunas preguntas comunes para todos mis invitados. Según tu experiencia personal: ¿Influye más la situación económica o la política en la decisión de abandonar el país y radicarse en el extranjero?

- Ambas situaciones hacen que una persona se plantee la opción de emigrar, cada uno tendrá sus razones y son todas respetables. Pero creo que la situación política de Cuba hace que las condiciones económicas sean peores cada día. Nuestra Isla está atrapada por un sistema que no permite libertades políticas ni de otra índole. Fuera de Cuba además de tener libertad de expresión, de afiliación, de manifestación y otras libertades individuales también tienes tus necesidades económicas básicas bien cubiertas. Con el salario que percibes por tu trabajo puedes mantener tu nivel de vida y a tu familia. Si en nuestro país cambia la política oficial automáticamente cambiará la economía de los cubanos. Creo que la gente se va de Cuba por la falta de oportunidades y libertades políticas las cuales condicionan una situación económica muy desfavorable.

- ¿Te decepcionó, defraudó o engañó en algún momento el proceso revolucionario en Cuba?

- Creo que la palabra que utilizaré será desilusión. Me desilusioné mucho de todo aquello. También pudiera usarse el vocablo frustración. Vivir bajo un ideal socialista, que desde edades tempranas te enseñen a vivir en un sistema social donde teóricamente es el mejor sistema y que en la práctica todo sea una sarta de mentiras, donde los dirigentes viven a sus anchas mientras el pueblo sufre muchas escaseces, te va frutando a tal manera que empiezas a rechazar todo lo que anteriormente has vivido. No tener otras opciones de vida, solamente las que te ofrece el único partido, la única opción de gobierno, es desilusionante, frustrante. El proceso revolucionario se ha traicionado en sí mismo. A mi entender ha decepcionado a muchos cubanos, unos lo podrán decir, otros no lo dicen por miedo a represalias y habrá siempre algunos que les conviene el modo de vida que llevan y apoyen al régimen.

- ¿Es válido el concepto de Conmigo o contra mí para una Revolución socialista?

- Cuando las personas tienen solo una opción para decidir cualquier tema en su vida, cuando el gobierno que rige tu país solo te concede la posibilidad de estar a su favor o en contra, cuando estar en desacuerdo con la política oficial se convierte en un delito, entonces puedes afirmar que vives en DICTADURA. Recuerdo una ocasión que un Presidente de EUA tuvo una afirmación similar y fue tildado de fascista, entonces el criterio para evaluar esas actitudes debe ser el mismo. Todo país que pretenda condicionar a una persona o ciudadano y que solo pueda estar de acuerdo con la posición oficial del Estado y no tenga alternativas políticas está teniendo actitudes fascistoides y dictatoriales.

- Si te vieras en Cuba hoy y te dan la posibilidad de emigrar: ¿Lo harías o te quedas dentro para tratar de cambiar el régimen?

- Creo que volvería a salir, hoy la situación está más tensa que nunca dentro de la Isla. Escasean los alimentos, los precios muy elevados, los salarios alcanzan cada día menos a pesar de las llamadas reformas u ordenamiento que han hecho. Soy de las que piensan que se puede vivir decentemente en cualquier país o región sin que eso afecte tu origen y raíces, es decir seré cubana siempre, en mis venas corre la sangre mambisa, mis orichas me acompañan donde quiera que vaya y eso nadie me lo puede quitar.

- No crees que si todos los cubanos pensaran así no vamos a resolver nunca la situación interna

- Es cierto, pero todavía no están dadas las condiciones en su totalidad para un cambio, todos los cubanos tienen que sentir la necesidad de cambiar ese régimen. Hoy desgraciadamente la opción es emigrar.

Mandy, Pablo Milanés y Algo más que soñar.

Durante Noviembre del 2022 se enlazaron dos temas que por su importancia no pude dejar de abordar.

En el mes mencionado estaba transcribiendo la entrevista realizada a Armando Ruiz conocido en mi familia como Mandy, el cual es un hombre muy cercano, al cual apreciamos mucho por ser integral en su conducta. El durante muchos años estuvo casado con Maité, la cual se crió en casa de mi tía Gumita en el barrio obrero de Pogolotti y por lo cual es considerada un miembro de la familia, a ella y a sus hijos los consideramos primos por lo que Armando ostenta la misma condición. Resulta que el día 22 de noviembre sale a la luz la triste noticia de la muerte en Madrid del cantautor cubano Pablo Milanés. El autor de ¨ **Yolanda** ¨ fue un excelente poeta y artista cubano, fundador de la Nueva Trova, movimiento artístico que se caracterizó por sus canciones comprometidas y cantarle a la Revolución cubana.

La entrevista y la muerte de Pablo se enlazan pues Mandy confiesa haber sido influido en su juventud por la serie Algo más que Soñar, donde se narra la historia de jóvenes cadetes cubanos que marchan a la guerra de Angola en Noviembre de 1975. La música de dicha serie fue escrita y cantada por Pablo Milanés.

En la entrevista que forma parte de este libro el interlocutor nos confiesa aspectos de su juventud y su paso por la escuela militar

Camilo Cienfuegos (Camilitos), coincidiendo en muchos tópicos con la serie televisiva en cuestión.

No puedo dejar pasar la oportunidad de dejar escrito mi póstumo homenaje para Pablito (así lo conocen muchos cubanos) el cual a pesar de dedicar casi toda su vida y su obra a la Cuba comunista nos dejó evidencias de su desilusión por ver hechas trizas sus esperanzas de la construcción de un modelo social que nos enseñaron a querer como lo más grande, pero sin duda fue un espejismo, una utopía imposible de alcanzar. Pablo muere convencido de que el comunismo es inviable, que una **sociedad perfecta** no existe. Para el ¨**Lo que brilla con luz propia nadie lo puede apagar**¨ sin embargo fallece persuadido de que la luz de Cuba no era perpetua, que los apagones que sufre nuestro pueblo son el símbolo de la decadencia de ese proyecto.

A pesar de ser víctima de la UMAP siguió fiel a sus ideas, el creía en el socialismo, lo defendía a ultranza, le cantó mil veces, pero no fue suficiente. Se necesita **Algo más que soñar** para poder dar credibilidad a lo que está pasando en la Isla. Muchos cubanos al igual que Pablo le dieron miles de oportunidades al régimen de demostrar la valía de la causa de 1959. **El tiempo, el implacable, el que pasó** nos demostró a todos que no hay futuro en una sociedad comunista.

Cuanto gané cuanto perdí es la ecuación que hoy está en la mente de todos los cubanos dentro de la Mayor de las Antillas. La situación económica hace que se hagan maravillas para dar de comer a los hijos y se preguntan **De que callada manera** entra el dinero a casa para sobrevivir.

Pablo **Yo no te pido** nada ahora que yaces en tu última morada, solo te pido que con tu luz ilumines a nuestros compatriotas. Para ellos hoy **La vida no vale nada** o vale mucho según como se quiera ver este asunto tan crítico para los que aún viven allá.

Para ti Pablo querido **No ha sido fácil (nunca lo fue)** poder resistir tus achaques y el paso del tiempo afectando tu salud. Tus dolores óseos te limitaban mucho y aquellos que te seguíamos en tus conciertos y que eras un patrón que seguir lo sabíamos, porque de ti sabíamos todo, de tu amor por **Yolanda,** de tus **Proposiciones** para mejorar aquel sistema.

Muchos cantamos contigo el **Comienzo y final de una verde mañana,** y en cada una de tus letras nos identificamos y te seguíamos a la Escalinata y teatros donde nos hacías cantar y también pensar. **Los días de gloria** se fueron volando y tus últimas declaraciones públicas estaban a favor de un cambio en nuestra bella patria. Te fuiste convencido que se necesitaba transformar el país, que tu esencia de revolucionario no había cambiado, querías y soñabas con seguir haciendo revolución, entiéndase como CAMBIO, METAMORFOSIS, AVANCES.

En este **Breve espacio en que ya no estás** te rindo homenaje, seguro de que allá donde estés debes estar cantando y haciendo felices a muchos que como tu saben que **La vida no vale nada** si no se ha cumplido bien con la obra. Otro Pablo **Pisará las calles nuevamente** y tendremos otro icono que seguir. Ojalá los nuevos cubanos tengan un Pablo Milanés que escuchar, que le regale sus canciones. El Pablo nuestro se fue, y partió desilusionado como mi padre y muchos otros que mal gastaron su vida al servicio del castrismo cubano. Emigraste en vida, te alejaste del terruño natal para ver al final de tus días como **YA SE VA AQUELLA EDAD.**

Después de cumplir con este necesario agasajo al trovador les dejo con la entrevista a Mandy.

- Como fue tu niñez y juventud en aquella Cuba de 1970, 80 y 90

-Nací en la Ciudad de la Habana en el Municipio Marianao en 1972, en Hospital Maternidad Obrera, mis inicios de infancia transcurrieron en una zona que la llaman Los Quemaos, vivamos 7 personas en un departamento de apenas una habitación hasta que por arreglo de parte del portal de la casita se logra agregar una media habitación más a la tan limitada convivencia familiar. A pesar de eso recuerdo mi niñez con alegría y añoranza pues los fines de semana regularmente se celebraba alguna fiesta o celebración ya sea por cumpleaños o por algún motivo que hacía disfrutar de tomar refresco y probar algún tipo de dulce entre amigos del barrio y más, incluso si visitabas a algún amigo de la escuela o visita familiar siempre había algo que degustar y disfrutar en una edad donde cualquier golosina era siempre una forma de disfrute y gozo. Nuestros juegos infantiles eran de una mayor interacción entre los propios niños a diferencia de los actuales donde prima la tecnología y el niño juega y disfruta en la soledad de su casa.

Intercambiábamos costumbres y hábitos o formas de pensar que de una manera u otra fueron haciendo base en nuestro desarrollo social como individuos y fuimos parte de una generación con sus valores y formas de ganar criterio sobre el mundo que nos rodea y que poco a poco íbamos valorando con el paso del tiempo de acuerdo con nuestra visión y formacion. Jamás olvidare los fines de semana donde tenía que acompañar a mi madre a un mercado en la zona de Alta Habana donde era una costumbre de cada familia comprar la comida de cada domingo y se compraba pollos vivos, pavos, donde de acuerdo con la economía familiar escogías tamaño de dichos animales, solo hacer una cena dominical para todo el día.

En la escuela los maestros eran de experiencia y de alta exigencia, formadores de una disciplina educativa, aunque con métodos hoy reprochables bajo los nuevos conceptos pedagógicos pero que legaron, a pesar de eso, ciudadanos que hoy aportan valores y principios a la actual sociedad. Te inculcaban el respeto a los mayores, cada reunión de padre se convertía en un sufrimiento ya que solo pedía a dios y a todo lo que como niño creía que me resguardase que la maestra no les diera quejas a mis padres y no por violencia sino por la pena que era indescriptible y por los días de castigo sin jugar a la que me vería sometido y eso obligaba a esfuerzos para lograr evitarlo y eso es formacion de carácter y de metas en un futuro. Mis vacaciones regularmente las esperaba con la alegría de que llegaran los días de los juguetes repartidos en 3 fases: Básico, No básico y Dirigido y recuerdo acostarme cada noche soñando con el número que me otorgarían en la bodega que me daba derecho al día y a la posición en fila para las compras demás decir que los primeros números eran los ansiados por cualquier niño ya que eran los mejores juguetes y opciones para elegir ya que los posteriores ya prácticamente tenías que agarrar lo que fuera quedando pero era una fantasía hermosa que vivíamos los niños de esa época donde a pesar de todo cada año podíamos contar con 3 juguetes nuevos y si de buena calidad, la mayoría provenía de Hong Kong, elite de tecnología en esos productos. Sentía a la familia muy unida, los tíos y primos nos visitábamos mutuamente incluso en las vacaciones escolares se coordinaba en donde estaríamos sin la preocupación de que comer ya que en esos años no era esa la inquietud principal como en la actualidad. Recuerdo con nostalgia los días en Tarará (campamento de pioneros) de vacaciones incluso en temporadas largas de clases; en fin, puedo afirmar sin dudar que tuve una infancia feliz.

-Fuiste militar en algún momento ¿Era la vida militar una vocación muy grande o fue una opción de estudios de calidad en una escuela con un buen claustro de profesores?

-Ya en la adolescencia en mi barrio había muchos jóvenes de mi generación e incluso te aseguro que en esos tiempos se podía soñar con la carrera a cursar y que profesión tener en el futuro.

Fue la época de un serial televisivo llamado Algo más que soñar el cual fue ese momento una referencia para muchos de nosotros a tal punto que decidí optar por matricular en los Camilitos y opté por la escuela militar Camilo Cienfuegos de la Marina (EMCC-MGR) eran sus siglas.

Pase por pruebas de aptitud, de preparación física y pruebas de ingreso eran en ese momento Escuelas Vocacionales y contaban con alta calidad en instalaciones, profesores de alta preparación y experiencia, aulas ,dormitorios y alimentación, de verdad una escuela formadora de valores educativos y claro está con alta influencia ideológica pero que en su momento más que ver esa parte todos y cada uno cumplía la satisfacción de ingresar porque era la época de quedar bien con nuestros padres, satisfacer como anteriormente dije sueños de seriales vistos y si, decir en un momento de esa época, me gradué de los Camilitos era una realidad que no veíamos con malos ojos, pues aún digo que la mayoría de los que conocí graduados de los Camilitos son gente muy preparada y de una buena actitud y aptitud ante la vida y ante la familia en general, son personas correctas y de buenos valores, de forma general considero que en ese momento era una opción de estudios de alta calidad y condiciones óptimas con un excelente claustro de profesores. Puedo decir hoy que a pesar de todo el tiempo que ha pasado hasta nuestros días siento un amor y recuerdo entrañable de esa etapa vivida de mi juventud la llevo y la llevare en mi corazón por siempre, aún tengo amigos vigentes de esa época en resumen fue un privilegio para mí.

- ¿Comenzar una nueva vida en el mundo civil, es decir fuera del aparato militar, que retos afrontabas?

- Ya casi terminando mi último año en los Camilitos mi vocación militar se fue extinguiendo debido a que sentía que en un futuro inmediato no iba a lograr mucho éxito en mi vida personal y familiar si continuaba por este camino, corría el año 1989-90 y ya llegaban los primeros aires de cambios en el bloque socialista de Europa del Este. Con nuestra juventud no podíamos imaginar en el futuro próximo lo que nos traería pero se sentía raro ver como ya la información que se nos manejaba con respecto a países que antes eran siempre referencia en nuestro quehacer formativo ya se iba anulando el hablar de ellos y nos empezaba a llamar la atención, tiempo después se vino abajo todo un sistema creado en esa región a la cual nos hacían mirar como ejemplo de adonde debíamos ir nosotros como proyecto de país, lo que por supuesto influyo lento pero cierto en nuestra forma de empezar a interpretar nuestro futuro, y ya la juventud empezó a ver las decisiones de su carreras ya no con aquella visión política sino con visión objetiva de lo que realmente pudiera asegurarnos un bienestar y resultados reales y no utópicos.

Recién comenzaba Cuba a proyectar su economía hacia la industria turística a la cual yo fui de esos jóvenes que miró a ese nuevo futuro que se veía venir en el país y el cual supimos insertarnos y sacar provecho, por lo que salir de la vida militar más que ser un reto fue un deseo personal de búsqueda de nuevas formas de desarrollarnos en la vida , eso si el haber tenido aprendizaje en la vida militar es innegable que ofrece fortalezas como la formación de valores como la disciplina, la constancia , la organización que después uno emplea para lograr objetivos personales con esa concepción y si decir que en momentos ofrece ventajas sobre otros.

- ¿Si tenías buen trabajo, vivías por encima del cubano medio, que te hace emigrar?

- Tomada la decisión de ya no seguir una carrera militar y por lo anteriormente dicho opto por una opción que me permitiera insertarme en lo que se convertiría el futuro económico del país a corto plazo que era la industria turística y por supuesto los beneficios que esta acarrea: Posibilidad de obtener moneda extranjera, relacionarse con personas de otros países y trabajar en lugares elegantes, nuevos y también de vestir elegante como les gusta a todos los jóvenes.

Todo se hacía muy atractivo, pero para eso se necesitaba preparación ya que nunca nos habíamos enfrentado a esas experiencias. En mi caso por gestión de una vecina del barrio donde vivía me consigue una matrícula en la Escuela de Hotelería Y Turismo que se encontraba en el Cabaret de Tropicana, estuve 2 años de preparación integral y en esa misma instalación hacíamos las practicas preprofesionales. De verdad era muy renovador y atractiva esa alternativa empezaban en esa practicas uno a percibir las propinas en dólares y en monedas extranjeras y de verdad se sentía uno con la fuerza de verse con un futuro palpable.

En aquellos momentos era penado por el país la tenencia de divisas, corto tiempo después despenalizan el dólar y todo se hizo cada vez más prometedor. Corría el año 1993-94 y en pleno periodo especial (así se le llamaba a aquella crisis causada por el derrumbe soviético de 1990) era un privilegio trabajar en lugares de atención al turista y donde como tantas veces después se repitió en Cuba era una prebenda trabajar en donde hubiera productos alimenticios y además de primer nivel. Desde la edad de 19 a hasta los 45 años mi carrera laboral fue en ese sector de los servicios y la alimentación donde incluso escalé puestos desde mesero llegué a ser Gerente de Complejo (3 a 5 restaurantes) bajo mi supervisión, eso me dio muy buenas posibilidades de obtención de propinas, divisas mensuales al mes por el estado (10 usd) que para ese momento éramos los únicos que legalmente obteníamos pagos en divisas por el país y en un tiempo hasta una bolsa de aseo con productos varios.

Ciertamente un privilegio trabajar en el sector turístico, pero como otras muchas cosas en Cuba aquello fue palideciendo y comenzaron a aplicarse otras medidas que lejos de perfeccionar lo que se había logrado el efecto fue de involución y de atraso. Eso conllevó a poner mis ojos en emigrar como próximo paso en mi futuro

- ¿Cuándo sales de Cuba por primera vez?

- Me decido por curiosidad e influido por esa etapa, que te comenté anteriormente, y comienzo a buscar una nueva fuente de ingresos y de vida pues ya en Cuba se hacía difícil poder trabajar y vivir de una manera adecuada. Yo buscaba alguna propuesta de trabajo como opción más lógica en mi caso tener una vía legal de salida de Cuba y por medio de un amigo que por tantos años nos conocíamos me propone un contrato de trabajo con el esposo de su hija que tenía 2 restaurantes a las afueras de Ciudad México y así fue: Comenzamos el proceso de papeles y aprobación de mi solicitud de trabajo hasta que después de meses de espera llego mi permiso de internación a México y vivo la experiencia de mi primera salida fuera de Cuba el 18 de octubre de 2016 en un vuelo de Aeroméxico a las 3.00 pm.

La sensación y el choque con una nueva realidad es algo raro que se vive entre alegría de una experiencia por vivir y el miedo a lo desconocido. Comenzó un recorrido que hasta el día de hoy no pensé fuera ser tan largo. Sali de cuba jamás pensando que en verdad me quedaría y tomaría otras decisiones, hasta la fecha llevo 6 años fuera de mi país.

- ¿Influye más la situación económica o la política en la decisión de abandonar el país y radicarse en el extranjero?

- Cuando decides viajar fuera del país en nuestro caso como cubanos considero que primero que todo nos anima el conocer y vivir lo que no está al acceso de cualquiera sigue siendo un privilegio solo pensar en viajar para un cubano, en primer lugar esa sensación nos da la fuerza inicial , el solo hecho de viajar en la mayoría de los cubanos es un gasto de un dinero que la verdad no se reúne con el salario del mes por lo tanto hablando claro la ,mayoría del que viaja en términos reales no es de los más golpeados por situación económica aunque los hay que si la tienen y venden todo lo poco que poseen y emprenden su aventura pero los mas que deciden viajar y después emigrar requieren tener una adecuada situación económica por lo que para mi modo de ver y sinceramente la mayoría decide irse porque sienten que en el país no podrán lograr jamás lo que si encontraran en otros países y si esto sucede es por las políticas marcadas por los gobiernos. ¿En el caso de Cuba puede alguien soñar con tener un carro nuevo algún día de su salario? ¿¿Hay algún sistema implementado de pagos a crédito que faciliten lograr alcanzar algo?? La respuesta es NO y eso se debe a las políticas asumidas por el país por eso si somos verdaderamente sinceros influye más el tema político que la economía.

La mayoría de los emigrantes cubanos tienen una buena situación económica y se fueron, claro está que los que no lo tienen también se van usando otros medios más económicos (balseros, por ejemplo)

Si solo fuera por economía solo se fueran los que no la tienen, pero para mí la política del país ha marcado en parte importante por encima de la parte económica en la constante emigración de cubanos a cualquier país del planeta

- ¿Te decepcionó, defraudó o engañó en algún momento el proceso revolucionario en Cuba?

- Nuestra generación no se considera hacedora del proceso revolucionario. Somos la generación perdida pues en verdad vivimos la etapa menos convulsa o comprometida de la Revolución.

Aunque fue la etapa del envío de tropas a Angola, misiones internacionalistas a otros países africanos nosotros estábamos aún muy jóvenes y no éramos protagonistas directos

Si considero que ver ir a familiares a ese llamado bélico, incluso recordamos vivir el miedo a la noticia de la caída en combate de alguien querido o cercano, era impresionante y actuaba sobre la psiquis de todo el pueblo. Pero de forma general no fuimos los actores directos por lo que mi generación no se considera los creadores del sistema.

Ahora sí; vivimos etapas de prohibiciones de todo tipo y ver como después de tantos años cosas que nos fueron prohibidas un día de un plumazo ya se podían hacer y eran permitidas, entonces la pregunta de muchos fue: ¿Por qué entonces todo este tiempo de impedimento y veto? si las circunstancias siguen siendo las mismas??

Nos dimos cuentas que el capricho de un mínimo grupo de poder definía, sin verdaderas y profundas justificaciones, el destino del país y tenernos bajo normas de estricto control fue en mi caso de las primeras decepciones del sistema y me percato que no íbamos hacia ningún camino sino hacia el cumplimiento de la falsa visión o capricho, de una idea errónea de un hombre que creía tener la razón absoluta y nos llevó por todas las vías a sus designios. Después otras libertades que por su propio peso fuimos palpando nos dejaron claramente ver que todo había sido no más que un experimento para ver si funcionaba.

- ¿Qué opinión te merece los flujos migratorios en Cuba a partir de 1959?

- La gente comenzó a irse de la Isla huyendo del comunismo que desde inicios se veía venir, aquellas 1ras medidas eran la antesala de lo que vendría después, esos flujos que han estado ocurriendo de manera cíclica son el resultado del hastío de las personas y de los deseos de vivir dignamente, sin racionamientos de productos, sin necesidad de esconder su credo religioso o su manera de pensar. Decía Martí o al menos le han atribuido a él la frase de que ¨Cuando los pueblos emigran los gobiernos sobran¨ por eso creo que la emigración es una responsabilidad exclusiva del gobierno de la Isla y como no ha habido cambios desde 1959 entonces el máximo responsable es Fidel Castro. Es una pena que ya no se pueda exigirles tales obligaciones

- Si te vieras en Cuba hoy y te dan la posibilidad de emigrar: ¿Lo harías o te quedas dentro para tratar de cambiar el régimen?

- Creo que ya no necesito regresar, he trabajado muy duro para encaminar mis pasos en México, trabajo y vivo aquí dignamente y este gran país me ha dado muchas posibilidades de desarrollo personal. Si me gustaría un cambio en mi terruño, en mi Isla bella. Que nuestros hermanos cubanos dentro del Caimán tengan oportunidades de vivir y trabajar sin tener que caer en ilegalidades, que con el salario ganado por su labor puedan desarrollar su vida tranquilamente.

- ¿Como ves el futuro inmediato de Cuba? ¿Ves luz en ese futuro?

- Francamente no la veo, hay una nebulosa muy grande en el futuro. A veces me he planteado la interrogante ¿Hará falta una intervención extranjera para resolver el problema? Pienso que una vez que fallezcan los dirigentes históricos de ese proceso se podrán dar algunas condiciones para un cambio, pero en cualquier circunstancia hace falta que el pensamiento colectivo de los cubanos madure y todos o al menos la mayoría estén listos para hacer cambiar su propio des

La comadre Janet, un sueño logrado.

La figura principal de este relato la conozco desde el año 2004 aproximadamente, por aquella época mi esposa comenzaba a laborar en un hotel habanero, en el lujoso barrio de Miramar, en el área de recursos humanos donde Janet se desempeñaba como cajera central en el departamento contable. Surgió una bonita amistad entre ellas que fue extendiéndose a las familias de ambas. Las visitas, paseos, charlas, el privilegio de bautizar a su única hija Maria Alejandra, fueron premisas que sirvieron para consolidar una relación muy estrecha con ella.

Con el paso del tiempo los lazos se hicieron muy fuertes. Ella, su esposo, su hija y nuestra familia llegamos a un punto muy alto de confraternidad, hermandad y camaradería.

Hay que comenzar diciendo que desde hacía muchos años la protagonista de esta historia tenía un sueño. Emigrar definitivamente hacia los Estados Unidos de América y salir de Cuba con su pequeña hija. Pero no siempre fue así.

Su infancia fue la de cualquier otro niño cubano nacido dentro de la Revolución, el seno familiar siempre fue muy apegado a la línea oficial y se crió en ese ambiente revolucionario. Se le inculcó y se le creó las ideas necesarias para defender el proyecto cubano a toda costa, con argumentos políticos ideológicos enfocados a que desde niña pudiera definir su postura futura. Sus padres le enseñaron que aquel país y aquel sistema eran los mejores del mundo, que el socialismo era la alternativa definitiva para la humanidad y el régimen social más justo que se haya conocido. Comenzó su interacción con otros niños y jóvenes al vencer sus grados y niveles escolares y siempre fueron testigo de que ella no aceptaba ningún criterio u opinión contraria a sus ideas. Era, durante su niñez y primera juventud una joven ferviente defensora de la Revolución Cubana. Estos criterios incluían siempre la figura del Comandante en Jefe Fidel Castro, a quien defendía a capa y espada. El Comandante era para ella un líder intachable.

Ciertamente hay que reconocer que el proceso de adoctrinamiento comunista hacia la juventud siempre fue muy grande y efectivo, con esas acciones garantizaban la continuidad de sus ideas.

Posteriormente en su paso por el Nivel Medio en su esfera de Contabilidad comenzó a chocar con otros criterios y otras tendencias donde jóvenes con otras perspectivas, opiniones y apreciaciones de alguna manera comenzaron a influir en su pensamiento. En esa época existían en Cuba una especie de actos políticos o concentraciones donde se arengaba el regreso del niño Elián, niño balsero que naufragó y pierde a su madre en tal desgracia y al llegar a los Estados Unidos es ¨adoptado¨ pero ese es tema para otro libro.

Janet como fruto de esas influencias y a decir de sus propias palabras: **Comenzó a ver mejor algunas cositas y a entender que no todo era color de rosa.**

Sus razonamientos en materia política comenzaron a variar con el paso del tiempo. Su paso por el nivel universitario, las continuas escaseces de productos, la influencia de otros jóvenes, las crisis migratorias que pudo constatar le fueron formando una nueva percepción.

Ya siendo una mujer adulta y con una hija su forma de pensar ya era completamente distinta a la formación recibida en el hogar y comenzó en ella a formarse la ilusión o el sueño de emigrar como les describí en párrafos anteriores. Contradicciones no faltaron con su padre por sus ideas y su postura ideológica.

Sus primeras salidas de Cuba se realizaron en visitas de turismo a México, aprovechando que tenía visa junto con su hija y su pareja en aquel entonces y viajaba con cierta frecuencia para realizar compras o viajes de placer. Cada viaje acentuaba más su obsesión, el contraste entre las dos realidades de Cuba y México era muy fuerte

Por supuesto las compras realizadas acá en el Caribe Mexicano se convertían en ventas a un mayor precio en la Isla y en un modo de vida lucrativo que paliaba la pésima situación económica reinante en el verde caimán cubano. Su idea de emigrar seguía siempre presente.

Pero no fue hasta el 2021 que tomó la decisión definitiva, posterior al fallecimiento de su querida madre en el año 2020. Ella es practicante activa de la religión yoruba, tiene coronado Eleggua y en Agosto de ese año durante una misa espiritual los muertos y egguns, especialmente su madre y su santo de cabecera, le aconsejaban salir definitivamente de su país natal. La sobrevivencia en Cuba roza la ilegalidad pues para tener una vida digna tienes que ¨ inventar¨ o ¨luchar¨ cómo se dice vulgarmente en la calle.

El 1ro de Noviembre del 2021 estaba saliendo esta cubana para México junto a su hija y su pareja. El coyote coordinado no pudo sacar pasaje al día siguiente rumbo Mexicali. La espera duró hasta el viernes 5 que en horas nocturnas viajaron hasta su destino, 4 horas de vuelo desde Cancún hasta Mexicali.

Como en otras ocasiones le he ilustrado la ubicación y principales renglones que caracterizan a las ciudades mexicanas por donde han transitado nuestros entrevistados en esta les explico brevemente de esta ciudad del norte de este hermoso país

Mexicali es una ciudad mexicana, capital del estado de Baja California y cabecera del municipio homónimo. Se encuentra localizada en el extremo noroeste del Valle de Mexicali, en la frontera con los Estados Unidos, se trata de una de las ciudades más septentrionales de México y América Latina.

Allí se concentran las sedes de los Poderes Ejecutivo, Legislativo y Judicial del Gobierno del estado de Baja California, así como las oficinas estatales del Gobierno Federal y del Ayuntamiento de la ciudad. Fundada el 14 de marzo de 1903, es la capital estatal más joven de México.

La Frontera

Mexicali cuenta con dos garitas dentro de la mancha urbana: la primera se encuentra en la zona centro de la ciudad la antigua Garita Centro o Garita "Vieja" y la Garita Río Nuevo, con 12 carriles de circulación hacia Calexico; la segunda, llamada Garita Nuevo Mexicali o Garita Nueva, se encuentra a 6 km al oriente de la primera garita y cuenta con 10 carriles.

La relación entre Mexicali y Calexico es muy grande, ya que entre ambas ciudades hay un gran enlace tanto económico como social, cultural y demográfico. Las garitas que unen a ambas ciudades registraron en 2014 un cruce promedio de 4,7 millones de vehículos de pasajeros, con un total 7,2 millones de personas y 4,5 millones de peatones al año en sentido de sur a norte,17 lo cual está catalogada por la U.S. Customs and Border Protection como el quinto cruce más transitado del mundo (en México solo debajo de Ciudad Juárez - El Paso Y Tijuana - San Diego

La palabra «Mexicali» surge de la contracción de los nombres México y California; de la misma manera surge Calexico. Se dice que ese nombre fue impuesto en 1902 por el Coronel Agustín Sanginés, entonces jefe político del Distrito Norte.18 Aunque el gentilicio oficial es Mexicalense, es común el término cachanilla, que es una planta que se encuentra en esas tierras, particularmente junto a canales de agua de riego. También existe el hipocorístico Chicali para referirse a la ciudad, aunque su empleo es informal y probablemente un chicanismo, o parte de una jerga marginal; empero, es empleada de facto dentro de la cultura cachanilla y tuvo un claro ejemplo de su uso en la revista El Chicali News creada por Manuel Alberto León.

En el aeropuerto de Cancún las autoridades migratorias estaban persiguiendo a toda aquella persona con indicios de cruzar la frontera para los Estados Unidos, el vuelo hacia Mexicali es mayoritariamente de cubanos que desean emigrar. A nuestra protagonista no le preguntaron nada, no fue objeto de cuestionamiento debido a que viajaba con su niña y ambas poseían Visa mexicana.

Las interrogantes a los posibles emigrantes rondaban en los tópicos siguientes.

> ➢ Motivo de viaje a Mexicali
> ➢ Cuando regresan a su país
> ➢ Lugar que van a visitar
> ➢ Es la 1ra vez que viaja a la ciudad de Mexicali

A muchos de los que estaban en aquella larga cola los separaban del grupo sin saberse el destino que les esperaba, el cual puede ser hasta la deportación si existen señales de traspasar ilegalmente las fronteras. A su llegada y al bajarse del avión los esperaba un funcionario de Migración que les retiraría los pasaportes a todos los cubanos que viajaban en ese vuelo. Aproximadamente 200 compatriotas se bajaron de aquel avión y todos tenían la misa idea. Cruzar clandestinamente hacia USA.

A su arribo los envían para una casilla donde las personas se acomodan como pueden, incluso sentados en el piso

Es harto conocido y divulgado entre los cubanos que al llegar a esa ciudad del norte mexicano si quieres recuperar tu pasaporte debes abonar la generosa cifra de 100 usd, no te lo entregan si no aportas la cifra estipulada. Se pude salir del aeropuerto, pero todos esperan su pasaporte y por supuesto no queda más remedio que "donar" el billete. La espera puede durar horas para recuperar sus documentos debido a la cantidad de personas que se ven involucradas en ese trámite

El siguiente paso es la extensa fila para un taxi que te lleve a tu dirección. Casi siempre hay que pagar sobre precio para agilizar tenerlo a tu disposición y mucho más en horarios de madrugada.

Una vez en el taxi y saliendo del aeropuerto los estaba esperando la Policía Federal que detuvieron el auto donde viajaban, mandaron a bajar al joven que acompañaba a nuestra amiga Janet y le pidieron dinero nuevamente para poder continuar viaje. Viajaban 5 cubanos en aquel taxi. El gendarme que estaba en colaboración con el chofer espetó

- Sabemos para donde van y cuál es el objetivo final de ustedes, si quieren seguir viaje deben cooperar y entregarnos algún regalo (100 dólares más)

Inmediatamente ordenan bajar al taxista del auto y le entregan su comisión correspondiente (20 usd por cada ocupante)

Finalmente pudieron llegar al hotel donde ya lo estaba esperando el coyote, pero era tan avanzada la madrugada que casi amanecía y no era posible efectuar el cruce previsto. Tuvieron que permanecer en aquel hotelucho donde las mujeres ocuparon una habitación donde se asearon y descansaron mientras los hombres se quedaron en el lobby. Alrededor de las 2.00 pm del sábado los trasladaron a un hotel más cercano al paso fronterizo donde pudieron descansar un poco más y alrededor de la 1.00 am se levantaron y salieron en unos automóviles de cristales oscuros, tenían prohibido tener activo los celulares para evitar las luces de estos, debían permanecer callados durante el trayecto y si eran parados por alguna autoridad no debían hablar, eso era un problema de los conductores. El plan era llegar a un punto y trasbordar a otros Jepps que continuarían viaje.

Nos cuenta que durante todo este camino iba rezando y pidiendo a sus muertos y santos que la protegieran y que todo saliera bien. Su padre y su hermano residente en Canadá pensaban que ella y Maria Alejandra estaban en Cancún comprando y visitando lugares, no imaginaban las peripecias que estaban pasando.

Una vez que llegaron a un puente, les invitaron a bajarse de los autos de manera veloz y correr hacia los vehículos que ya esperaban, a Janet le tocó viajar delante, al lado del chofer por ser la única persona que viajaba con su niña. Total 16 personas en aquella camioneta. Nuevamente pusieron marcha y a alta velocidad, donde el chofer iba en continuos intentos fallidos de comunicarse con otra persona que era la encargada de hacerlos cruzar el rio que divide ambos países. El chofer decidió en ese momento pasar por otro lado, por lo que ya no iba a ser por el lugar planificado. Frente a una rampa se estacionó la camioneta y ordenaron bajarla y caminar por arena desértica con el peligro que puedas ser detenido por las autoridades mexicanas.

Al bajarse tenían que correr para hacer bien rápido la ruta, eran los últimos en la carrera por la misma razón de tener a su niña y tener que cargarla y también las mochilas se hacían muy pesadas. La hija tropezó y cayó tres veces en una carrera constante y cruzaron el rio, antes del cruce estaban atrapados en un área pantanosa donde el andar era más difícil, se mojaron las mochilas a pesar del esfuerzo en levantarlas por encima de la cabeza, la preocupación de tener un accidente, una caída peligrosa, una menor de edad en esos menesteres, realmente traumático. Se terminaba el trayecto en una rampa hacia arriba donde era difícil sostenerse por tener los zapatos mojados. Una vez vencida la rampa debieron caminar hacia una cerca de hierros o balostres rojos donde al cruzarlo ya estabas en tierra americana y no puedes ser interceptado por la parte mexicana. Allí en ese punto las personas se cambia la ropa mojada pero nuestra heroína no tuvo tiempo. Comenzaron a caminar nuevamente hacia el paso Yuma en Arizona y procedieron a entregarse a la guardia fronteriza estadounidense.

Me cuenta mi comadre que fueron atendidos muy bien, en tono amistoso les preguntaron si todos eran cubanos y hasta le dieron la bienvenida a suelo americano. Los montaron en un pequeño camión con bancos de metal.

Para poder hacer la travesía más llevadera y que tuviera menos impacto psicológico para su descendiente, se le había explicado que después de visitar México se trasladarían a un lugar donde unos guardias le darían unos papeles que le permitían pasar a comprar un Tablet, una muñeca y un gran parque de diversiones, todo lo cual eran deseos de su hija.

Como a todos los emigrantes los llevaron hacia el sitio conocido como La hielera, cuyo nombre le viene por el intenso aire acondicionado y el frio que existe en aquellas carpas donde hacen los procesos migratorios. Es un recurso utilizado para mantener la sanidad y evitar la proliferación de bacterias, virus u otras enfermedades.

Ya en aquel lugar pudieron cambiarse toda la ropa mojada que traían puesta, ya para ese momento habían separados a hombres de mujeres y estaba enfrentándose a esta nueva fase sola con su hijita.

En la ya citada hielera el domingo 7 de noviembre del 2021 convivían en ese momento 550 personas aproximadamente, distribuidas por cubículos de lonas transparente y en aquella situación hasta se contagiaron de Escabiosis, popularmente conocida como sarna producto a dormir en aquellas colchonetas en el suelo.

En su narración nos ilustra un área donde podían encontrar golosinas, galleticas, juegos infantiles y hasta artículos de aseo personal como cepillos y pasta dental. Su niña relacionó aquella área con el ya mencionado parque infantil donde su madre quería llevarla y saltaba de alegría, todo propio de su infantil imaginación.

Al día siguiente fue llamada y en unos bus escolares fueron trasladadas junto a otras personas a un centro de detención, una cárcel en toda regla.

Fue colocada en una sección de mujeres con hijos, donde a su llegada pudo contar unas 15 mujeres con sus retoños, pero pudo conocer que en aquella pequeña sección de 6 mts por 5 mts han llegado a coexistir hasta 40 féminas. El baño era sin puertas por lo que la privacidad no existía. Les asignaron una especie de manta de aluminio para taparse, un vaso desechable para tomar líquidos y debían esperar soportando mucho frío. La comida mala, picante y poca. Por suerte la espera duró poco y ese mismo día al filo del mediodía fue llamada para firmar sus documentos y poder sacar a su hija de aquella prisión

Con todo firmado al día siguiente la llevan a un pequeño hotel en un bus diferente, en otras condiciones de viaje, con prueba COVID incluida. El hotelito quedaba a 2 horas de viaje y al arribar fueron a una habitación muy cómoda con excelentes condiciones y fueron provistas de artículos de aseo personal y tenían incluido en esa estancia desayuno, almuerzo y cena. En esa habitación debía esperar a que algún familiar le sacara su boleto para reinsertarse en la vida cotidiana. El viernes 12 de noviembre coincidentemente el día que el autor cumple años nuestra amiga y comadre salió de todo su peregrinar cruzando fronteras y empezó a cumplir su sueño de vivir en tierras de libertad

El principio de un fin.

Diciembre de 2019. El mundo comienza a escuchar noticias aterradoras de un virus que alarma a casi todos los países del orbe. Virus "COVID-19" es el nombre de esta nueva enfermedad. Es un síndrome respiratorio agudo severo (SARS-CoV-2).

Las primeras infecciones por COVID19 se relacionaron con un mercado de animales vivos en Wuhan, China, lo que sugiere que el virus se transmitió de animales, que se venden como alimentos exóticos, a los seres humanos. La COVID-19 es la enfermedad infecciosa causada por el coronavirus que se ha descubierto más recientemente. Tanto el nuevo virus como la enfermedad eran desconocidos en humanos antes de que estallara el brote en Wuhan en diciembre de 2019. Mundialmente conocido como El Coronavirus

Esta nueva coyuntura mundial comenzó a hacer mella (por supuesto) en Cuba. El año 2020 fue un año de muchas dificultades económicas puesto que el mundo entero quedó paralizado por los efectos del virus.

La economía cubana, ya empobrecida desde hacía muchos años, se resiente aún más por los efectos de la crisis. El sector turístico, fuente principal de ingresos se ve diezmado a gran escala. Los vuelos comerciales, las líneas aéreas, agencias de viajes, hoteles, en fin, todo el sector se paralizó. Los ingresos por este concepto caen estrepitosamente.

En la Isla en los primeros meses de pandemia (así fue catalogada por la OMS) la situación no fue tan crítica desde el punto de vista higiénico epidemiológico. Los casos oscilaban diariamente alrededor de 50 contagios. Cifra muy pequeña si se compara con el resto del mundo donde llegaban a cientos y miles los contagios e inclusos los fallecidos.

Europa era el principal foco de contagio donde países como Italia y España contaban por miles los muertos a diario. El panorama era aterrador. El mundo se paralizó al estilo de cualquier filme de horror y misterio.

Las fronteras cerradas, las calles desiertas, las personas aterrorizadas, los hospitales y los servicios médicos de las naciones colapsaban por la cantidad de contagios diarios. Se hizo habitual el uso de mascarillas, prohibición de saludos afectivos, decíamos NO al abrazo, al estrechón de manos y a los besos.

Así vivió el mundo el año 2020. A fines de año la situación parecía que mejoraba. Se abrieron algunos países en sus fronteras, algunos hasta viajaron para Navidades y Año Nuevo. Parecía que todo iba normalizándose, estábamos muy lejos de la verdad.

El 2021 comenzó con una nueva oleada del virus, nuevas cepas se descubrieron y todo volvió al principio.

La situación económica en Cuba iba complicándose aún más. Medidas estatales trataban de contener el boom de contagios que ya alcanzaban los cientos y hasta hubo días de reportarse más de mil casos de contagios. Para una Isla de poco más de 11 millones con una economía muy precaria, cerrada al turismo, sin exportaciones y sin renglones que aportaran ingresos es una situación muy compleja y difícil de resolver. Los casos llegaron a la cifra de más de 9 mil contagios diarios y picos de muertes cercanas a los 100 fallecidos en 24 horas.

La cuestión es que, en medio de ese panorama poco alentador, más bien triste y sufrido, al gobierno de Cuba se le ocurre comenzar las reformas económicas más importantes que hayan asumido jamás.

Comienza un proceso denominado Ordenamiento Monetario en Cuba donde se plantea la unificación de la moneda, la desaparición de una moneda llamada Peso Cubano Convertible (CUC), el incremento de salarios y también el incremento de precios a todos los productos y servicios.

En este punto solo detallo que el incremento de precios supera con creces el incremento salarial por lo que la situación del ciudadano no mejora, en realidad se empeora y la economía familiar se resiente mucho más.

La realidad cubana comienza a agravarse aumentando las escaseces y dificultando en gran medida la adquisición de bienes de consumo en especial los alimentos, el peligro del contagio del nuevo virus también proyecta un efecto negativo en la familia, que ve disminuidos sus movimientos para realizar sus compras y al mismo tiempo, incluso arriesgando la salud, no encuentra suministros suficientes o a su alcance.

Comienzan a florecer muestras de descontento popular, acciones aisladas de desobediencia civil, pequeñas manifestaciones de desacato a las autoridades, incremento del control policial para evitar disturbios, contradicciones muy marcadas entre la población y los dirigentes del Estado.

Aparecen ya de manera pública organizaciones que se oponen abiertamente al régimen.

La **Unión Patriótica de Cuba** (UNPACU) es una organización cubana disidente , calificada como "el mayor grupo de la oposición cubana" por el Departamento de Estado de los Estados Unidos. La misma aglutina a una gran cantidad de disidentes en Cuba. Fue creada el 24 de agosto de 2011 por José Daniel Ferrer García, el cual actualmente sufre prisión

San Isidro (conocido también por su sigla **MSI)** es un movimiento compuesto por artistas que tiene un corte político y artístico al mismo tiempo. También sus miembros son detractores al gobierno y la política cubana. Como intelectuales y personas apegadas a las manifestaciones artísticas se opusieron al decreto 349 el cual regula las actividades culturales y de arte en un franco proceso de censura

Sus integrantes han sufrido prisión en varias ocasiones y represalias por sus ideas y posiciones políticas

Ante estas apariciones de organizaciones y personas que se oponen abiertamente a la postura oficial del gobierno la respuesta ha sido ir aumentando el uso de la fuerza, encarcelamiento a los opositores pretextando incumplimientos en leyes, decretos o medidas. Han cerrado toda posibilidad de dialogo con la ya naciente oposición

Enero del 2021 comienza con hechos que estremecen a todos. El día 27 y en víspera de celebrar un aniversario más del Natalicio de José Martí, el más grade de los cubanos, un grupo de jóvenes se reúnen frente al Ministerio de Cultura a manifestarse pacíficamente. Los mismos fueron reprimidos brutalmente y comenzaron a difundirse videos donde se reflejaba el actuar prepotente del Ministro Alpidio Alonso el cual atacó a un joven presente en la protesta. Inmediatamente se precipitaron los hechos y un Grupo de Respuesta Rápida agredieron a los allí congregados y detuvieron a más de 20 jóvenes injustamente.

En esta era de la Internet esos videos comenzaron a circular en las redes y el mundo entero observó el maltrato a esos jóvenes cubanos y el pretexto de la casta gobernante fue que los mismos actuaban bajo la influencia de una potencia extranjera, acusándolos de mercenarios

No era la primera vez que artistas e intelectuales se pronunciaban frente a su Ministerio exigiendo explicaciones sobre las medidas violentas o agresiones hacia personas, en especial los jóvenes, con ideas diferentes a la política gubernamental

A partir de aquel momento comenzaron otras medidas de represión vs aquellos identificados como líderes opositores o con rasgos y características de serlo

Una serie de hechos comenzaron a producirse cronológicamente denotando que el apoyo popular hacia aquella revolución comenzaba a disminuir. Surgieron otras figuras públicas que se oponían abiertamente, haciendo declaraciones que buscaban mejorías a la extrema situación que se estaba viviendo en la limitación de las libertades individuales.

La culpa fue cargada por la administración Biden, al ser responsabilizados por La Habana de organizar y financiar un intento de desestabilización política y social.

Ha sido una táctica recurrente el culpar a los gobiernos de turno, del vecino del Norte, con las desgracias asociadas a las políticas socialistas y comunistas. Se necesita un enemigo poderoso para incriminarlo, alguien para descargar toda culpa. Los pretextos del bloqueo, agresiones imperialistas, campañas contrarrevolucionarias, boicot a las actividades de desarrollo social del país ya son tan comunes que no engañan a nadie. La credibilidad ha ido menguando de manera estrepitosa y ello está basado en la invariabilidad del discurso que podemos resumir en: Los comunistas van por el camino correcto y la culpa de no poder desarrollar a Cuba es del imperialismo.

Poetas, periodistas, intelectuales, reporteros independientes, profesores universitarios, cantantes, artistas plásticos, actores, actrices y otros representantes de distintas manifestaciones culturales levantaron su voz para denunciar las violaciones a los derechos humanos. Por 1ra vez comienza a generalizarse el término de DICTADURA para calificar al gobierno.

Toda esta atmósfera y ambiente trajo más desilusión y hastío entre la población y a partir de ese mismo año 2021 comenzó una nueva ola de migración que continúa hasta finales del 2022

Desde Noviembre del 2021 el gobierno nicaragüense dictaminó el libre visado para que los ciudadanos cubanos puedan viajar libremente hacia el país de Sandino.

A la medida se le dio un carácter humanitario para beneficiar a los nacionales de Cuba que tuvieran familiares en la nación centroamericana, con ello se buscaba posibilitar viajes de turismo, ocio, vacacionales y por supuesto familiares.

Bajo el manto de fomentar las relaciones culturales, comerciales y turísticas, en realidad y desde el punto de vista del autor se pretendía dar una posibilidad de emigración como solución a la candente situación interna de La Habana, otrora socio político de Managua. Ambos países son aliados desde el triunfo sandinista en 1979, cuyas relaciones se fortalecen en cada mandato de la familia Ortega desde el triunfo en el ya mencionado año 79 del siglo 20 hasta 1990 donde pierden el poder.

Posteriormente desde 2007 han retornado a gobernar Nicaragua y dichos vínculos se han visto afianzados. El hecho de retirar el visado a los cubanos ha sido una maniobra que ha funcionado como una válvula de escape para suavizar el panorama que vive Cuba donde se acrecienta los problemas sociales, las carencias de productos básicos, el encarecimiento de la vida, una inflación insostenible para el bolsillo del ciudadano de a pie. La reacción lógica de muchos cubanos fue aprovechar ese libre entrada para continuar viaje terrestre.

Como sabemos los cubanos son de carácter jovial y jaranero, a todo le sacan un chiste y de las calamidades nos reímos. Salir de Cuba hacia Nicaragua se le empezó a llamar a manera de guasa Visita a los volcanes, ya que el país nica tiene muchos (más de 50) de estos accidentes geográficos.

La verdadera intención es continuar viaje hacia los Estados Unidos de América cruzando Honduras, El Salvador, Guatemala y México para llegar finalmente a la frontera sur del gigante del Norte

El gobierno cubano una vez más hace uso de la Migración como un instrumento o arma para aliviar las crisis económicas y políticas cíclicas que ha enfrentado desde 1959. En esta ocasión utiliza a un país aliado para fomentar sutilmente la salida masiva y que se convierta en vía de escape a la difícil e insostenible crisis

Es evidente que se trata de una nueva maniobra política pues Nicaragua siempre fue un muro en la travesía de los emigrantes en su afán por llegar a los Estados Unidos, los mismos salían del Aeropuerto Internacional Jose Martí en Rancho Boyeros en vuelo directo a Ecuador y comenzaba una tortuosa ruta en medios terrestres como autobuses, taxis, e incluso algunos tramos se hacían caminando por distintos parajes y países como Panamá, Colombia o Costa Rica. En este trayecto Nicaragua siempre fue el mayor obstáculo para lograr sus objetivos. La situación en el 2015 era bien distinta y se conoció el estado de miles de inmigrantes que se encontraban varados en Costa Rica ya que el gobierno nica le negaba la entrada a ese país. Se les prohibía el acceso basándose en la ilegalidad de los cruces masivos de fronteras e incluso la situación llegó a tales extremos que el gobierno tico consideró estos hechos de graves y de amenaza a su territorio y a la región. La situación llegó a límites insospechados cuando las Fuerzas Armadas Nicaragüenses se desplegaron en un punto de la frontera con Costa Rica. Durante noviembre de aquel 2015 las Fuerzas Armadas y la Policía Nicaragüenses de dispusieron en las fronteras con Costa Rica para enfrentar y repeler intentos de cruces de los límites fronterizos, llegando a utilizar gases lacrimógenos para frenar el intento de miles de cubanos que intentaron violar su frontera.

Los avatares de un tocayo

No sabría explicarles si por el hecho de ser cubanos, llevar el mismo nombre o simplemente ha sido una casualidad de la vida, pero la providencia ha querido que en tierras quintanarroenses conozca a este hombre que por su anatomía me recuerda a Bud Spencer, actor italiano que formaba dúo con Terence Hill en múltiples filmes en la década del 80 y se hizo famoso en Cuba por la película Un Sheriff fuera de serie

El primer contacto ocurre con su compañera Loretta, la cual es apoyo vital en el trabajo diario de Ernesto Suárez Cano al frente de su empresa Canomex, dedicada a la fabricación, reparación y mantenimiento de muebles. Su catálogo comercial incluye unos bellos juegos de salas, ajuares para terrazas y muchos modelos de gran atractivo y comodidad.

Mi tocayo es un camagüeyano que tiene múltiples oficios que lo hacen un hombre orquesta en lo que se refiere a las actividades manuales, puede que olvide algunos de sus ocupaciones y trabajos, pero les enumero los que recuerdo: Joyero, talabartero, lapidario, Ceramista, fotógrafo, zapatero y muchos más

Al conocernos se impuso la primera invitación a un café, algo obligatorio en la cultura de todos los cubanos, a los 5 minutos de conversación yo presentía que iba a nacer una excelente amistad con aquella pareja de cubanos que a pesar de poder vivir y trabajar en los Estados Unidos han decidido fundar su propio negocio aquí en la ciudad de Cancún en el estado de Quintana Roo.

Tiene un carácter muy jovial, jaranero, risueño, conversador y ocurrente, lo cual es propio de nosotros, los nacidos en la Mayor de las Antillas, ganándose el cariño y aprecio de quienes lo conocen

Les comparto esta entrevista y aclaro que sus respuestas me impactaron sobremanera pues no podía imaginar que mi tocayo hubiera pasado tantas vicisitudes en su vida dentro de la Isla.

- Vamos a comenzar esta entrevista pidiéndote que nos narre brevemente sobre su niñez en Cuba.

Nací en Camagüey, provincia cubana, allá por Agosto de 1971. Fui un niño normal como todos los de nuestra época. Siempre fui muy travieso, lo que se dice un niño muy activo, me gustaba estar siempre en alguna actividad física (deportes, juegos) y no estudiando o calmado dentro del aula como otros estudiantes. Hay un hecho que me marca mucho mi niñez y es perder a mi padre muy temprano. Su pérdida me afectó mucho y a partir de ese momento mi madre tuvo que lidiar conmigo. La presencia de un tío materno hacía que yo tuviera un referente masculino y alguien a quien respetar, pero creo fue muy importante en mi formación. Lo respetaba mucho por ser muy fuerte de carácter, algo necesario para poder controlarme pues mi mamá no podía, sin embargo, hoy le agradezco mucho todo lo que me enseño y educó.

- Desde muy joven se apreciaba un carácter rebelde y también emprendedor. ¿Tienes alguna anécdota que nos ilustre todo esto?

-Como te dije era mi tío quien hacía papel de padre. El manejaba un camión de carga en aquella época y por supuesto aparecía en la casa en cualquier momento pues vivía en la cuadra contigua a la nuestra y pasaba a visitar a mi madre, saber cómo yo estaba, como iban mis estudios y sobre todo saber cuál era mi conducta. En cierta ocasión yo había adquirido un pequeño chivo que tenía una pata muy mala, cojeaba, no tenía fuerza y yo le ponía un carretón hecho con mis propias manos y ayudado por amigos para transportar niños en una especie de excursión que le daba por los alrededores de nuestro barrio. Aquella iniciativa yo la cobraba y me ganaba mis ¨ kilos ¨. Mi madre no estaba de acuerdo con esta nueva actividad ya que no estaba acorde con nuestra familia por lo que mi madre decide informar a mi querido tío para ver si este podía hacerme entender y desistiera de mi nuevo emprendimiento. Te aclaro que lo que yo hacía era un abuso en toda regla con aquel animalito, era yo quien tenía que empujar el carretón pues las condiciones del chivito no eran nada buenas por sus afecciones en las patas.

Cierta tarde yo andaba pastoreando para que mi chivo comiera hierba por algún monte cercano y hasta allí se apareció el tío y con un regaño muy grande me hizo dejar al animalito allí en el monte y me subió a su vehículo y me trajo de vuelta a casa. Me invadía una rabia tremenda porque tenía que abandonar mi primer negocio.

Con este cuento te quiero ilustrar que desde muy temprano en mi vida tenía muy claro que debía hacer algo por cuenta propia, debía organizar mi vida en función de trabajar en alguna actividad que me aportara dinero suficiente para satisfacer mis problemas personales, y ayudar a mi madre en todo lo que yo pudiera. Tenía dentro el ADN del negociante.

- ¿Qué factores van formando desde joven tu visión acerca de la economía y la política en Cuba?

- Me daba cuenta desde mi juventud que a pesar de que mi madre y mi tío trabajaban y se esforzaban sin medida no tenían prosperidad. Siempre entendí que el salario que se pagaba en Cuba no alcanzaba para tener la vida que yo quería tener. No importa cual fuera tu trabajo, todos los empleos estaban y están mal pagados y la vida cada vez es más cara, los salarios siempre son los mismos por lo que va aumentando la pobreza. Desde el punto de vista político no fui nunca partidario del comunismo.

Yo culpaba en mi joven conciencia al gobierno de que la situación fuera tan mala, la escasez de comida, ropa, los altos precios en comparación con los sueldos de los trabajadores eran elementos que ya me iban conformando una mejor visión de aquella situación. Por esos elementos que te expongo nunca fui defensor de la Revolución, mi carácter desde pequeño y joven fue de rechazo y así lo expresaba de manera pública, sin miedos, delante de cualquier persona, lo mismo en una reunión de trabajo como social.

- Los oficios que dominas fueron pasos necesarios en tu formación como artesano en sentido general. El dominio de todas estas actividades te llevan a dirigir empresas y cooperativas con mucha rentabilidad. ¿Qué sucesos ocurren para que fueran quedando atrás esas opciones?

- Tengo muchos oficios como te he mencionado. Cada una de las habilidades que poseo han sido necesarias adquirirlas para poder emprender negocios donde estuve trabajando durante muchos años allá en Camagüey. En todas las empresas que desarrollé me imaginaba en mi mente las herramientas y máquinas que necesitaría para mejorar mi proceso de producción. Esas imágenes las guardo en alguna parte de mi cabeza y cuando necesito las reproduzco para confeccionar la máquina en cuestión o la herramienta necesaria. Estas manos que ves aquí han fabricado muchas herramientas para hacer avanzar mis varios negocios. Siempre he tenido un pensamiento avanzado en materia de mi crecimiento personal. Fui miembro en Cuba de todas las organizaciones que agrupan a los artistas artesanos, escultores, pintores etc. La ACAA, el Fondo Cubano de Bienes Culturales, Caguayo etc, por citar algunas de estas. Tuve participación en varias ferias comerciales donde exponía y vendía mis productos. La construcción de muebles fue mi última ocupación en la isla. En este rubro me desempeñaba como Presidente de una cooperativa e iba obteniendo muy buenos resultados. Como ya era mi costumbre las maquinas herramientas fueron construidas por mí, diseñé todo el proceso productivo de la cooperativa y la calidad de nuestra producción era muy alta. Tenía mucho éxito en la gestión. Recuerdo que en una oportunidad fuimos a una reunión con los asesores de Diaz Canel actual Presidente de Cuba, el objetivo era analizar los puntos esenciales para un negocio con una empresa de China que nos abasteciera de materias primas para la construcción de los muebles de nuestra cartera comercial. Los empresarios chinos querían vendernos la materia prima necesaria en moneda nacional, lo cual era una ventaja enorme para la parte cubana. Si comprabas en pesos cubanos y después vendías en divisas la rentabilidad sería mucho mayor.

Te cuento que aquella negociación no pudo concretarse porque los asesores de la principal figura del país no encontraban formas económicas, ni amparo legal para llevar a cabo todo lo que acabo de explicarte. Para ellos no era posible que una compañía extranjera vendiera en pesos cubanos (lo necesitaban para hacer pagos dentro del territorio nacional). Yo soy un guajiro de Camagüey, pero no soy analfabeto y con esta afirmación quiero decirte que era evidente el bloqueo interno al que está sometido el país. Hace más daño el bloqueo interno del propio gobierno que aquel bloqueo yanqui que tanto cacarean. Esas cosas me fueron cambiando mi perspectiva acerca de mi propia tierra. Yo soy muy impulsivo y estas cuestiones las decía en cualquier tribuna, eso me fue ¨ marcando ¨ con las autoridades y la dirigencia política. Muchos artistas y artesanos piensan de idéntica manera, pero no se expresaban públicamente y no han tenido que sufrir las consecuencias que me tenía reservada la vida.

- Sufres prisión en dos ocasiones. ¿Cuáles fueron las causas y que motivó esas medidas penales contra ti?

- Mi profesión genera grandes dividendos al ser muy bien pagado por los clientes. Sin lugar a duda mi nivel de vida comenzó a crecer. Adquirí una finca de 9 caballerías de tierra, con mucho trabajo la hice prosperar con muchos animales, tenía 360 cerdos, 114 cabezas de ganado, 3 caballos de raza, gallinas alrededor de 700 y una cifra incontable de chivos y carneros. Era una belleza. Comencé a hacerme notar para la policía y la

Seguridad del Estado, la cual una vez me detuvo e intentó reclutarme para que les brindara información de su interés, querían que yo ¨echara palante¨ a otros artesanos y artistas. Como me negué (como puedes imaginar) entonces comenzaron las represalias conmigo. Tuve que cumplir dos sanciones penales por delitos económicos. Me acusaban de Apropiación indebida, actividades económicas ilícitas y en la segunda ocasión también me imputaron Tenencia de armas de fuego, por una escopeta de perles que tenía en la finca. En la 2da acusación me pedían 25 años de privación de libertad. Como resultado del proceso penal y como parte de la sentencia me confiscaron todos mis bienes, casa, carro, finca, animales, dinero, todo. Calculo unos 8 millones de pesos tasando todo a precio oficial.

Los años que estuve en prisión fueron muy duros. La cárcel te cambia toda la vida, la psicología, tu manera de pensar, de ver el mundo exterior. Tu mente entra en un estado de vigilia constante, que siempre te mantiene alerta para defenderte de agresiones, chantajes y otros males que solo puedes ver dentro de un centro penitenciario.

Allí en la prisión de Camagüey conocida como Cerámica cumplí mis condenas. Tuve la suerte de poder trabajar e incluso fabricar máquinas para el buen funcionamiento de algunos sistemas del propio penal, lo cual me hizo ganarme la simpatía de los jefes. Como reo tuve motes como El artesano del rey, porque todos los problemas que tenía aquel Coronel era yo quien le resolvía, entiéndase problemas del mantenimiento o resolver necesidades del edificio etc. Por mi carácter fuerte, mi físico y mi forma de ser llegué a ser mandante entre los reclusos, lo que quiere decir que yo mandaba entre la población penal de mi destacamento. Esa posición me daba privilegios en relación con el resto e incluso los guardias tenían que contar conmigo para tomar algunas decisiones. Tuve muchos problemas en el ¨tanque¨ tanto con guardias como con presos.

Recuerdo una vez una paliza que me dieron los militares, me dejaron madurito, al punto que me suspendieron la visita para que mis familiares no vieran el estado que yo tenía. En otra ocasión tuve un grave problema con un interno (así se le llama a los presos) el cual quería desplazarme de mi cargo de mandante. Me avisaron de sus intenciones y pude verlo afilando un cuchillo. Pude prepararme para esa bronca y coloqué mis armas en lugares estratégicos. El día que decidió atacarme tenía a mi alcance un tubo metálico y con eso pude repeler su ataque. Lo dejé tirado en el piso y creí que lo había matado, pero era bien fuerte aquel tipo y se paró y me vino encima nuevamente, un banco de ver TV fue lo que tenía a mano para golpearlo nuevamente y dejarlo tirado nuevamente. Aquella trifulca me costó meses sin dormir de noche, sigiloso, esperando un nuevo ataque de aquel reo. Parece que se aconsejó y no volvió a atacarme. Todas estas historias me traen muchos recuerdos y motivado por tu entrevista algún día continuaré escribiendo mi propio libro que ya empecé a escribir.

- ¿Qué haces al salir de prisión, te incorporas y reinsertas en aquella sociedad?

- Si. Me reinserto y comienzo nuevamente de cero. Al hacerlo estaba cumpliendo una especie de profecía que hice el día de mi juicio.

- Me están quitando todo, al salir volveré a recuperar mi vida.

¨ Yo cuento con mi cabeza, mi quijá y mis cojones ¨

Podrás imaginar el ambiente que se creó en aquella sala, hasta el abogado de la Defensa me requirió debido a que en el tribunal no se deben decir malas palabras por elemental respeto. Pero tú ya sabes cómo pienso y lo impulsivo que soy, no pude aguantar las ganas que tenía de decirles que me estaban destruyendo. En ningún país del mundo son delitos las conductas que me achacaban, el tener dinero, casa, auto y cualquier bien material adquirido fruto de un trabajo y un oficio puede considerarse ilegal. Solo en el comunismo pasan estas cosas, para ellos si un individuo se hace independiente y libre económicamente pues entonces políticamente no tienen resortes para manejarlo y manipularlo. El régimen necesita que tengas carencias para que respondas políticamente y ¨agradezcas¨ las migajas que te dan por la libreta de la bodega y lo poco que venden en mercados y tiendas. Al salir pude remodelar una casa que compré y era un palacio a mi gusto y el de mi esposa, hasta le hice un gimnasio en el fondo de la vivienda.

Y como te cuento, empecé a trabajar nuevamente, tuve otros negocios, hasta un restaurante buffet donde por 6.00 CUC podías comer todo lo que deseabas. Allí lo hice todo nuevo con mis propias manos, desde la construcción de la propia mesa buffet hasta todos los arreglos necesarios en el restaurante. Trabajaba día y noche con unas ganas enorme de avanzar, de recuperar todo el tiempo que me hicieron perder.

- ¿Cuándo decides que llegó el momento de emigrar?

- Esa decisión no llegó tan rápido, a pesar de todo lo que pasé en los años de prisión y decomisaron todos mis bienes yo no quería irme de mi país. Mis ideas en relación con la migración comienzan cuando conozco a Loretta, mi actual esposa. Ella es ciudadana americana, llegó muy joven a los Estados Unidos y nos conocimos en un viaje que hizo a Camagüey a visitar a su tío el cual es mi amigo. Amistades en común le habían hablado de mí y ella sabía de las dificultades por las que yo había pasado. Comenzamos una bella relación que dura hasta hoy. Somos un pareja que nos complementamos el uno al otro. Yo soy la fuerza y la operatividad mientras ella es equilibrio, la parte contable, financiera, lleva la administración del negocio y la vida. No quiero decir que ella no sea fuerte porque --si lo es, pero encontré en mi esposa el suplemento necesario para comenzar de nuevo, con las mismas ganas que tengo yo de triunfar. Su ayuda, cooperación y trabajo dentro de Canomex hoy es muy importante para la Empresa. Ella cuenta con acciones en este proyecto y si un día la relación de pareja deja de funcionar su porciento de participación será respetado y siempre tendrá su parte, será considerada siempre. Se ha ganado la posición que tiene en mi vida y confieso que me ha robado el corazón. La amo más que a nada en el mundo

Ella con una visión más amplia del mundo comenzó a plantearme la posibilidad de que me fuera del país, que comenzara una vida nueva lejos de todo lo que me pudiera recordar los tristes y largos años de encarcelamiento. Viajamos juntos a Rusia donde no es necesario tener Visa. Mi estancia en aquel frío Moscú me hizo ver la vida desde otra perspectiva, otro cristal. Ver los mercados, mall, cadenas de tiendas, restaurantes me convencieron de que el mundo andaba montado en un auto última generación y mi Cuba iba caminando por los derroteros del desarrollo. Al regresar quería llevarme a toda la familia a vivir a Rusia, fue impactante para mí, en ese momento había decidido que emigraría y comencé a preparar mis papeles y hacer trámites para acometer tal decisión.

- ¿Como pudiste salir de la Isla?

- Me fui a Guyana a presentarme a la Embajada de los Estados Unidos, pasé meses allí esperando que resolvieran mi caso. Producto a los antecedentes penales que tenía me denegaron la entrada a territorio americano. Entonces Loretta no se dio por vencida y aplicamos al Waiver

Los perdones migratorios o Waivers son recursos legales que puede utilizar una persona en proceso de una visa de inmigrante, para que le sean perdonados ciertas causales de inadmisibilidad a los Estados Unidos. Yo presenté mis antecedentes con tremendo orgullo pensando que el hecho de haber sido reo del régimen comunista me daría aval para ser admitido, pero no fue así. Una vez que me fue aprobado el recurso viajé a los Estados Unidos donde tengo residencia.

- ¿Te decepcionó, defraudó o engañó en algún momento el proceso revolucionario en Cuba?

- No creí nunca en aquel sistema político, a mí nunca me engañó. Pero si soy consciente de los miles de cubanos que se han sentido defraudados o desilusionados de toda aquella situación.

- Si descubres que hay un cambio en el gobierno o la política del país. ¿Te gustaría regresar definitivamente a Cuba?

Te puedo decir que no quiero regresar más a Cuba, cuando ya venía para el exterior y mi decisión fue emigrar me senté con mi madre y tuvimos una conversación donde le dije que no iba a regresar nunca más. **Creo que Hogar está donde las lágrimas se secan solas y el corazón sale sin permiso**, donde tienes a tus hijos y seres queridos, donde te sientes bien contigo mismo y eres capaz de vivir plenamente.

Si un día tenemos la feliz noticia de que hay un cambio de gobierno y de política en nuestro país podré ir de vacaciones, tener una estancia de algunos días por allá, visitar las bellas playas y mi natal Camagüey, pero regresar definitivamente y comenzar a organizar mi vida nuevamente no lo creo posible. Te expliqué que nunca fue mi idea o mi objetivo radicarme fuera de la Isla, pero casi me vi obligado a hacerlo para trabajar y vivir como deseo, donde el fruto de mi trabajo me brinde un modo de vida acorde a mi visión, que tener dinero no sea delito.

Hoy tengo casi todo lo que me propuse, una Empresa con muchas perspectivas de crecimiento, una familia que atender y una vida tranquila donde nadie me molesta ni por mis ideas políticas ni por mi cuantía bancaria. Creo que tendré una vida muy próspera en lo adelante. Emigrar fue una buena decisión

- ¿Como ves el futuro inmediato de Cuba? ¿Ves luz en ese futuro?

- No creo que Cuba pueda resistir mucho más tiempo la realidad que hoy enfrenta. Todas las vías se le han ido cerrando, el mundo va conociendo la verdadera cara de Cuba, las protestas ocurridas en Julio del 2021 fueron divulgadas por Internet y se vio claramente como reprimieron a la gente por sus ideas políticas. No creo que el socialismo sea el futuro de Cuba, en realidad creo que van rumbo al capitalismo, pero no quieren darse cuenta o dar su brazo a torcer.

La última historia.

Esta crónica relata los sucesos vividos por un gran amigo que prefiere que se le nombre por sus iniciales. Y.A.C, Cuando termine de narrarles su historia cierro esta, mi primera incursión en las letras y la literatura.

Nuestra confraternidad y camaradería data del ya lejano 2007, allá en un centro turístico habanero nos conocimos y de inmediato nos profesamos leal y verdadera amistad. El venía de trabajar en varios restaurantes y hoteles en varios puntos del país y este humilde aprendiz de escritor recién llegaba del África, específicamente de Angola donde tuve una experiencia inolvidable al frente de una Empresa Hotelera que tributaba sus honorarios para Cuba.

El asunto es que YAC se mostró siempre muy afable y cooperativo conmigo. Mi familia también lo aprecia mucho por su carácter sincero y amable, típico del hombre de provincia. Mi amigo es natural de Ciego de Ávila.

En el año 2008 el decide emigrar hacia Ecuador aprovechando las facilidades que aquel momento se daban de viajar a ese país de Sudamérica y que hemos narrado en entrevistas anteriores.

Durante sus 14 años por las ciudades de Quito y Guayaquil tuvo distintos emprendimientos privados que lo hicieron crecer profesionalmente y tener una prosperidad económica que le sirvieron para ayudar a su madre y demás familiares.

Cada vez que viajaba a Cuba nos veíamos, saludábamos y mantuvimos una excelente amistad.

En el año 2022 decide poner punto final a su estancia en Ecuador y en ese entonces ya estaba casado y una pequeña hija de 3 años. Su decisión viene posterior a la pandemia de COVID, azote mundial desde el 2020 y que todavía hay rastros y nuevos brotes en algunos países.

Decide entonces que debe dar un nuevo paso en la vida y el nuevo destino decidido es emigrar a los Estados Unidos.

Razones de peso lo llevan a tomar esa resolución. Sus negocios personales ya no iban tan bien como antaño, las finanzas ya no eran iguales, sus gastos aumentaron por la llegada de su prole y además el nivel de violencia e inseguridad en el país iban en aumento.

Antes de acometer su decisión tenía que hacer un viaje obligatorio a Cuba e informar a su madre de tal parecer. Ella es una señora enferma y muy apegada a su hijo, en alguna ocasión viajo a Ecuador también a visitarlo, este le regaló ese viaje y le dio el gusto a su progenitora y unas merecidas vacaciones.

Aprovechó su viaje a Cuba para hacer algunos trámites de vencimiento de pasaporte cubano que debió estar listo en 15 días, pero demoró 1 mes y 10 días lo cual retrasó su estancia en la Mayor de las Antillas. Al llegar su pasaporte su siguiente destino era

México, país donde había obtenido visado desde Ecuador. Su vuelo fue directo a Cancún.

Personalmente pude conversar telefónicamente varias veces con YAC y después de los saludos de rigor pude orientarlo a donde dirigirse, donde hospedarse, que hacer en su tiempo por esta bella ciudad perteneciente al Estado de Quintana Roo en la península de Yucatán y conocida por sus playas, su vida nocturna y sus instalaciones hoteleras. Mi experiencia en los 5 años que resido en el estado de referencia sirvieron para algunos consejos útiles dirigidos fundamentalmente a su seguridad e integridad.

Puedo asegurar que Cancún es un destino muy popular y divertido, pero puede ser también peligroso si no se conoce bien donde frecuentar, a qué hora debemos visitar ciertos lugares y muy importante con quien relacionarnos, que mercancías comprar y otras recomendaciones valiosas.

Aporté esas elementales sugerencias y me quedó el amargo sabor de no poder visitarlo y juntarnos.

Mis ocupaciones me impidieron viajar a Cancún, ciudad a 100 km aproximadamente de mi lugar de residencia

Su plan era poner rumbo al Norte lo más rápido posible. Su viaje a Cancún no tenía un interés turístico, no estaba en sus planes demorar su estancia acá. Para él no había otra prioridad que continuar su trayecto y cumplir su meta, pero el contacto que traía no contestaba al teléfono y le retrasó su estancia 8 días en el balneario cancunense. Finalmente se produce la ansiada comunicación con la persona de contacto y esta le indica que viaje para Mexicali y una vez allí le contactar desde su hotel para comenzar a trazar su itinerario.

Viajó vía aérea para ese punto de la geografía mexicana, que hace frontera con los Estados Unidos. Al llegar al aeropuerto le retiraron su pasaporte, práctica habitual en dicha terminal y que se ha descrito gracias a los testimonios que hemos podido recopilar. La medida incluye a todos los recién llegados que no sean mexicanos, americanos y canadienses.

También lo mandaron a pasar a un local donde reúnen a todos los retenidos. Nos cuenta YAC que comenzaron a llamar a los viajeros y entregarles su documento, a excepción de 15 personas entre las que se encontraba el. En su caso contaba con visa mexicana, su pasaporte ecuatoriano y todo sus papeles en orden. A esas 15 personas retenidas las formaron, les tomaron una foto y les informaron que los trasladaban a otro lugar donde serían nuevamente entrevistados.

Cuando estás en situaciones de ese tipo es común que las personas sientan cierto temor, si eres retenido por una autoridad migratoria florecen los nervios y es inevitable no estar inquieto y preocuparse.

La situación fue a peor pues al llegar al supuesto lugar de la próxima entrevista que se encontraba a 20 minutos aproximadamente del aeropuerto no hubo tal conversación. Comenzaron a tratarlo como un reo.

Le ordenaron quitarse los cordones de los zapatos, cinturones, anteriormente le habían retirado su teléfono celular por lo que se veían imposibilitado de hacer llamadas telefónicas. Inmediatamente después lo encerraron en una celda. Había llegado a un centro de detención migratorio, efectivamente era un preso y el trato siguiente sería como tal.

Su llegada a este centro se produce un sábado y le prometen que al día siguiente verían los casos y tendrían una ¨entrevista¨ con su jefe donde podrían explicar su situación y esclarecer todos los puntos necesarios. Era de esperar que un domingo no habría actividad laboral en ese reclusorio. El trato de los custodios no era el mejor, no atendían las llamadas de los retenidos, no hacían caso alguno a las dudas lógicas de los que allí permanecían. Estar preso en un lugar como ese y sin explicación debe ser muy complicado. Los guardias se limitaban a llevar las comidas y no daban explicaciones o informaciones adicionales.

Las condiciones existentes en aquel lugar no eran las mejores, es obvio que un centro de detención migratorio no es un hotel. Nuestro amigo mantenía una noción aproximada de la hora del día por los momentos donde recibían los alimentos pues no les entraba una gota de luz exterior en la celda donde lo tenían recluido junto a otros compatriotas cubanos, por lo que si apagaban la luz eléctrica la oscuridad invadía el calabozo.

Frente a su celda había un cartel donde se reflejaban los derechos y deberes de los retenidos y entre los derechos se relacionaban los siguientes, entre otros:

- Derecho a una llamada telefónica diaria

- Ser informado sobre el estatus de su caso

- Salir de la celda a realizar actividades físicas

- Búsqueda de un abogado que defendiera el caso y ser informado del mismo

Nunca en los 8 días que permaneció en aquel horrible lugar le permitieron ejercer esos derechos y a pesar de que preguntaba y exigía hasta donde podía seguían violando lo preceptuado para casos como el de YAC. Él nos narra que nunca le daban una negativa tajante, se limitaban a darlas ¨ largas ¨ al asunto y le posponían constantemente el otorgamiento de algún derecho que demandaba. Cada turno de guardia de la gendarmería le posponía la llamada telefónica para ¨más tarde¨ o para ¨mañana¨. Esto le imposibilitó totalmente poder avisar a sus familiares tanto en Cuba donde su madre se encontraba ávida de conocer el paradero de su hijo como en Estados Unidos donde una prima estaba desesperada porque nunca recibió la ansiada comunicación. También su esposa en Ecuador no tenía noticias. La incertidumbre y las dudas se apoderó de todos los que estaban a la espera de conocer sobre la situación en la que se encontraba

Fui testigo del desespero de esa familia, recibiendo casi a diario llamadas y mensajes indagando sobre mi amigo. No tenía manera de averiguar por él. Cuando intentabas llamar a su número no recibías respuesta e invariablemente podías oír el mensaje enviándote a buzón de voz, señal de que el teléfono se encuentra apagado o sin cobertura.

Hoy, que les narro toda esta anécdota, les confieso que llegué a pensar que su vida estaba peligrando, que podía haber caído en manos inescrupulosas de personas dedicadas al tráfico humano e incluso de órganos.

Finalmente, en horas de la noche, aproximadamente 11.00 pm comenzaron a llamarlos por sus nombres con la indicación de que salieran de sus celdas, recogieran sus pertenencias en una mochila y montaran en un bus. Les informaron que los llevaría a un lugar a tres horas de viaje para darles conclusión de cada caso. Fue en ese momento que pudo acercarse a un oficial y poder decirle que si él tenía visa para México y tenía sus papeles en regla como le podía retener 8 días en una prisión o centro de detención migratorio. Ninguno de los argumentos expuestos bastaban para poner fin a su calvario.

Nos relata que la única fuente de información que pudieron tener (que no era nada confiable) era una persona que traía los alimentos y los presos le preguntaban como podían salir de aquella situación. La respuesta era que por 800.00 dólares, supuestamente le buscaban un abogado de Migración y ellos mismos les daban un parole. El abogado nunca llegaba, pero aquel que no entraba en ese juego y no abonaba los 800 ¨verdes¨ no salía de aquella encerrona.

Ya dentro del bus iban custodiados por dos militares y aquel supuesto viaje de tres horas se convirtió en una larga marcha de más de 50 horas y se desplazaban escoltados por dos carros patrulleros. Evidentemente se trataba de un traslado de prisioneros.

Durante las largas horas de viaje le preguntaron a los guardias, que iban a bordo, para donde se dirigían y les respondieron que su destino era Villahermosa, capital de Tabasco, en el sureste de los Estados Unidos Mexicanos. Durante el desplazamiento nunca les dejaron bajar del bus, si había alguna necesidad que realizar tenían que ir al baño interior del bus. Las comidas todas fueron iguales Sándwich de jamón y queso, naranja, una caja de jugo y un dulce. El mismo menú en desayuno, almuerzo y cena, también el agua se acabó en aquella extensa expedición

Llegados a Tabasco los llamaban por su nombre, les entregaban el pasaporte, teléfono y pertenencias y en una formación en horas de la madrugada les entregaron una carta de deportación donde le exigían que en 20 días debían abandonar la patria de Benito Juárez, salir de

México era el final de toda aquella pesadilla que vivió. Se abrieron unas puertas y los ¨botaron¨ de aquel lugar que nunca supo si era otro centro penal o alguna dependencia del Gobierno de ese Estado. Dentro quedaron 4 cubanos que venían de Tijuana otra ciudad mexicana y permanecieron presos.

Le llegaba la posibilidad de llamar a todos sus familiares, decirles que estaba sano y salvo y que había permanecido 8 días encerrado en un calabozo. Todos nos alegramos con las ¨ nuevas buenas ¨, todos los que sabíamos cuáles eran sus planes estábamos muy temerosos por su integridad y seguridad.

Los lectores podrán pensar que aquí va terminando la historia de mi amigo, pero nada más lejos de la verdad.

A salir de aquella prisión no desmayó en su idea de buscar un mejor futuro para él y su familia. Esta anécdota en sus inicios dejó muy claro que YAC había tomado la decisión de emigrar hacia Estados Unidos y en su pensamiento persistía esa idea. Para él y su esposa había un objetivo muy marcado y todavía no se había cumplido.

Una vez en libertad y considerando que tenía 20 días para permanecer en territorio mexicano, buscó a otro coyote el cual le indicó que viajara en bus nuevamente hasta Cancún para comenzar la travesía deseada. A su arribo lo estaban esperando y fue llevado a una casa destinada a albergar a las personas que traen los mismos intereses que el natural de Ciego de Ávila. Desde un sábado que llegó tuvo una espera hasta el martes siguiente (4 días) donde le sacaron un boleto con destino a Tijuana por donde intentaría nuevamente cruzar la frontera hacia el vecino del norte. En esta ocasión llevaba indicaciones muy claras y precisas de cómo actuar, comportarse como turista, que hacer dentro del aeropuerto de esa urbe fronteriza en el estado de Baja California.

A pesar de que no se conoce el origen etimológico del nombre de esta ciudad se dice que proviene del nombre de un rancho de un terrateniente local el cual llevaba el nombre de Tía Juana. Dicho rancho quedó en los límites de las dos Californias en el momento de la división y la creación de las fronteras. Otros historiadores plantean que la palabra significa ¨Junto al mar¨.

Hoy es una importante ciudad fronteriza por donde suceden migraciones masivas de ciudadanos provenientes fundamentalmente de Haití, África, Honduras y por supuesto también Cuba. Por este punto de la frontera mexicana nuestro ¨guajiro¨ intentará nuevamente su aventura

Ya fuera del aeropuerto de donde salió sin contratiempos lo llevaron a un hotel de donde tuvo que permanecer ese día por una fuerte lluvia que caía sin cesar.

En la madrugada del próximo día, aproximadamente a las 1.00 am en conversación con sus guías estos no creían que ese grupo todavía permanecía alojado en el hotel de referencia. Había existido una descoordinación y habían recogido a otro grupo equivocadamente. Debían permanecer otras 24 horas en aquella habitación donde sus gastos estarían pagados.

Alrededor de las 10.00 pm del siguiente día salieron hacía la dirección señalada, antes se compraron unas pizzas para el grupo anterior que estaba varado en la misma línea fronteriza por estar el centro de detención muy lleno debido a la cantidad de personas cruzando y eso torna más lento el procesamiento de datos y personas que desean arribar a suelo norteño. Junto a las pizzas también adquirieron agua, burritos y tacos los cuales no podían faltar en tierras aztecas.

En esos días que estamos narrando había mucho frío en Tijuana y esas personas del anterior piquete estaban sin poder cruzar, sin comida y temblando por las bajas temperaturas, principalmente en horario nocturno.

El grupo donde viajaba la figura central de esta aventura era de 5 personas (3 hombres y 2 mujeres, entre ellas una anciana de 75 años) y en su camino hacia el punto limítrofe de ambos países veían a personas tirarse al rio para materializar su cruce, los agentes de la patrulla fronteriza (Border Patrol) no aconsejaban esas acciones y les pedías que siguieran avanzando hasta el mismo muro divisorio, donde se bajan de sus autos y cruzaron caminando la franja.

Caminaron unos 30 mts máximo y traspasaron el linde divisorio entre ambos Estados. Dando seguimiento a las señas con láser verde que les iban realizando llegaron hasta las autoridades y él y sus acompañantes fueron separados del resto de los que pretendían su entrada a territorio americano. En este punto fronterizo existe sendas puertas en el muro divisorio donde una de las puertas te encamina hacia territorio estadounidense y la otra te regresa a tierra mexicana. Al separarlos les indicaron que entraran por la puerta anhelada y les fueron explicando que ya estaban en territorio de los Estados Unidos y que no había ningún problema con ellos.

Nuestro amigo en ese momento estaba lleno de dudas y solicitó explicaciones a un guardia fronterizo. Le indagaba que si estaba todo bien y no existían dilemas ¿Por qué lo llevaban a la puerta mexicana? Sintió alivio inmenso cuando le explicaron que estaba en la puerta que accede a USA. En el uniforme de los militares rezaba Border Patrol United Estate Of America y al fijarse de que la matrícula pertenecía a un Estado americano respiró más tranquilo. La caminata continuaba un km más y aquí se le unieron otros emigrantes de nacionalidad rumana que no se tiraron al río y prefirieron entrar caminando y entregarse a las autoridades. El hecho de estar acompañado por la anciana ya referida y el inmenso frío reinante aconsejaban tal conducta a seguir. Caminaban detrás de la patrulla, nunca los invitaron a subir y al llegar hasta un punto de aquella geografía los invitaron a acampar con la promesa de que al día siguiente los iban a venir a buscar. Les ofrecieron unas mantas de aluminio para resguardarse de la frialdad. No podían entrar al centro de detención por estar abarrotado de personas (aspecto que ya hemos explicado) pero dejar a esas personas en pleno monte con aquel clima tan adverso descrito por nuestro protagonista como ¨frío infernal¨ era un acto, cuando menos, inhumano.

Al día siguiente se personó otro militar y les ordenó seguirlo, alegando que aquel lugar no era muy seguro porque por allí había tráfico vehicular de camiones y rastras de alto porte provenientes de la parte mexicana.

Comenzaba un nuevo día y con el renacían las esperanzas de llegar a su destino. Siguieron al guardia y caminaron detrás del como 3 km y llegaron a otro lugar donde les explicaron que debían permanecer aguardando hasta nuevo aviso. Allí quedaron con las pizzas compradas antes de su partida, pero carecían de agua, elemento imprescindible. El militar les prometió que les traería agua y que en 6 horas vendrían a recogerlos.

Alrededor de las 5.00 pm llegaron unos autos, estilo furgón, que estaban de recorrido para recoger solamente a niños, mujeres embarazadas o personas impedidas. Aquel Border military les informó que la temperatura en la madrugada llegaría a − 5 grados Celsius por lo que recomendaba regresar al lado mexicano nuevamente y retornar al día siguiente.

YAC no aceptó irse, y decidieron quedarse y afrontar las inclementes y duras condiciones meteorológicas que estaban por llegar.

Se prepararon para enfrentarse a la helada madrugada e hicieron una enorme fogata con palos, gomas viejas tiradas en los alrededores, cartones, etc. Las patrullas les dieron más papel de aluminio para taparse. En horas de la tarde se incorporaron dos haitianos, pero se quedaron a 50 metros de distancia y más tarde llegaron 7 más y decidieron brincar nuevamente el muro. Les colocaron una escalera para rebasar la muralla y tenían que tirarse posteriormente. Uno de aquellos ¨pobres¨ haitianos se cayó y sufrió una partida de su pierna. Nuestro grupo a la distancia señalada observó todos aquellos pormenores.

La noche fue extremadamente fría. Se pusieron todas las prendas de vestir que llevaban, hicieron un círculo alrededor del fuego y hacían todo lo posible por calentarse y contrarrestar las bajas temperaturas reinantes. Nos cuenta que se puso dos pantalones, 7 pullovers, 4 camisas, un suéter y un abrigo con gorro y todo eso no fue suficiente para hacer entrar en calor al cuerpo, los huesos se helaban y a pesar de estar muy cercanos a las llamas de la citada fogata no lograban mitigar aquel frio. El grupo caminaba alrededor del fuego y la parte delantera del cuerpo entraba en calor sin embargo la espalda estaba congelada a punto de dar la sensación de tenerla pegada al hielo, lo describe como algo increíble. Fue sido una noche muy dura, en condiciones extremas, en la que han logrado sobrevivir.

¿Recuerdan los dos ciudadanos rumanos que se les incorporaron al grupo? Pues ellos, al día siguiente y al amanecer, decidieron caminar alrededor del muro y encontraron a unos habitantes de origen mexicano, personas sin hogar, indigentes, pobres y desposeídos a los cuales les solicitaron que les compraran agua, le dieron dinero y la promesa de una generosa propina de 5.00 usd. Al tener agua se mejoraban las condiciones ya que tenían comida (pizzas) pero no tenían agua para beber.

Al escuchar las anécdotas de mi viejo amigo e imaginarme toda aquella agonía no puedo dejar de sentir mucha nostalgia. A pesar de que todavía su historia no termina creo que es bastante ilustrativa de todos las dificultades, impedimentos, obstáculos y escollos que tienen que enfrentar aquellos que se deciden a emigrar. Las personas son capaces de encarar todos esos dilemas con el único objetivo de salir de sus países de origen y llegar a una sociedad donde se tienen oportunidades de crecer y desarrollarse como persona sin enfoques políticos e ideológicos. Estos pensamientos que ahora expongo, haciendo un paréntesis en la historia que nos ocupa, están avaladas por las crónicas que hemos ido describiendo desde la primera cuartilla. No se trata de hablar boberías contra el régimen y gobierno cubano. Los planteamientos de mis entrevistados están basados en sus experiencias personales en su afán de ir definitivamente por un sueño.

El desespero que emana de una situación de ahogo económico, de nulas e invalidas oportunidades reales de emprendimiento llevan al individuo a lanzarse en búsqueda de salidas. No importa que haya riesgos a la vida, prefieren morir en el intento.

Continúa la anécdota de YAC. Al rato de haber encontrado la vía de adquirir agua con aquellos humildes vecinos llegaron nuevamente los miembros de la patrulla de frontera e indagaron sobre el estado de ellos y la cantidad de personas en el grupo, recordemos que eran 5 cubanos que venían juntos y dos rumanos incorporados. También se interesaron por los haitianos que conformaban el otro grupo y en especial con el que tuvo el accidente y presentaba roturas en una de sus piernas. El jefe de la patrulla llamó por ayuda y llegaron dos ambulancias y hasta los bomberos. Se llevaron aquel joven haitiano para atenderle y al parecer toda aquella escena aconsejaba que se agilizara el trámite de aquellas personas abandonadas en el campo y sin poder acceder al centro migratorio. Al poco rato empezaba todo el proceso.

Una vez dejada limpio el lugar de acampar y destruir los restos de la fogata les ordenaron que debían quitarse toda la ropa que llevaban encima producto de la casi nevada de la noche anterior y solo quedarse con una vestimenta normal, le tomaron datos y sacaron fotos de cada uno de ellos pues ya iban rumbo al centro de detención migratorio, el cual se encontraba a solo 5 minutos en auto.

Una vez dentro continuaron el llenado de modelos, papeleo burocrático pero necesario sobre sus datos generales, enfermedades que se padece y medicamentos que traigan consigo, los cuales deben ser entregados. Terminada esta parte los introdujeron en una celda donde debían permanecer hasta la conclusión de su caso. Refiere nuestro interlocutor que la comida estuvo buena. Al día siguiente los fueron llamando y continuaban las preguntas sobre: Adicción a drogas, revisión de brazos para buscar marcas de agujas o evidencias de drogadicción, medición, pesaje, estado civil de los interrogados y cuantas preguntas y cuestionamientos se les ocurría. En este centro estuvieron otras 24 horas y al término de estas todos los cubanos fueron trasladados para otro centro de detención en San Diego, en la ciudad de California.

Al llegar notaban que iban llegando otros emigrantes procedentes varios lugares y pudo contar aproximadamente a unos 30 cubanos a los cuales les llamaban para hacerles firmar documentos que en el caso de nuestro protagonista fue el ansiado parole por dos meses. Lo sacaron inmediatamente de aquella cárcel y lo enviaron a un hotel perteneciente a una iglesia donde recibió una habitación donde alojarse, le vacunaron contra el COVID y la influenza, tenía comida y cama por dos días. En aquel pequeño hotel les explicaban a todos que ya estaban en territorio norteamericano, que debían estar tranquilos, sin miedos, que ya estaban en libertad. De aquel lugar podían salir, pero no podían entrar nuevamente, por lo que en los dos días que tenían pagados debían llamar a familiares o amigos que les pagaran el boleto aéreo para la ciudad deseada, el hotel incluía el taxi para la terminal aérea.

Nuestro querido YAC tenía a sus familiares en vilo, esperando noticias sobre su salida de todos aquellos centros y prisiones migratorias, por lo que su pasaje para viajar desde el aeropuerto de San Diego fue rápidamente enviado a su teléfono celular. Tomo el taxi incluido en el hotel (en este caso fue Uber) y al día siguiente alrededor de las 06.00 am estaba en el aeropuerto para chequear pues su vuelo partía alrededor de las 10.00 am. Tenía que esperar durante la facturación a la revisión de un guardia migratorio pues no poseía pasaporte, este proceder ya se lo habían explicado por lo que no le tomó por sorpresa.

Una foto con su boleto en mano fueron suficientes para poderlo identificar como emigrante en tránsito hacia la ciudad de Phoenix donde haría escala y finalmente volar a Tampa donde radican sus familiares.

Existen requisitos para los recién llegados que no se deben incumplir y entre estos está que al arribar a su destino deben hacer una llamada telefónica a un lugar donde deben entregarse los papeles confeccionados en el centro de detención, lo cual cumplió sin excusas y al entregar sus documentos le informan que debe sacar cita para darle continuidad a su proceso. Dicha cita solo es posible sacarla vía digital a través de una página web que se encuentra congestionada y hasta el momento de nuestros contactos no había sido posible entrar a la página web de referencia.

Hoy él sigue trabajando en los Estados Unidos para pagar las deudas contraídas en todo su peregrinar y lograr su siguiente objetivo: Reunirse más temprano que tarde con su pequeña hija y su esposa.

Todas las historias y personas entrevistadas expusieron o fueron contados sus motivos y fundamentos para salir de su tierra en búsqueda de libertades, oportunidades o simplemente huyendo de un sistema totalitario. Todos partieron desengañados, contrariados, decepcionados. En fin, desilusionados.